蒋道华◎主编

XIAOXUE YINGYU
KETANG XUEXI
YU KELI YANJIU

小学英语课堂学习与课例研究

李　红　徐存勇　苏维冀　董　涛◎副主编

北京师范大学出版集团
BEIJING NORMAL UNIVERSITY PUBLISHING GROUP
安徽大学出版社

图书在版编目(CIP)数据

小学英语课堂学习与课例研究/蒋道华主编．—合肥:安徽大学出版社,2017.1(2020.6重印)
教师教育系列教材
ISBN 978-7-5664-1147-1

Ⅰ．①小… Ⅱ．①蒋… Ⅲ．①英语课－课堂教学－教学研究－小学－师资培训－教材 Ⅳ．①G623.312

中国版本图书馆CIP数据核字(2016)第144027号

小学英语课堂学习与课例研究 **蒋道华 主编**

出版发行: 北京师范大学出版集团
安 徽 大 学 出 版 社
(安徽省合肥市肥西路3号 邮编230039)
www.bnupg.com.cn
www.ahupress.com.cn

印　　刷: 旭辉印务(天津)有限公司
经　　销: 全国新华书店
开　　本: 170mm×240mm
印　　张: 7.25
字　　数: 117千字
版　　次: 2017年1月第1版
印　　次: 2020年6月第2次印刷
定　　价: 18.00元
ISBN 978-7-5664-1147-1

策划编辑: 姜　萍
责任编辑: 沙　莎　马晓波
责任印制: 陈　如
装帧设计: 许润泽
美术编辑: 李　军

编 委 会

总 主 编 李继秀

编委会委员（以姓氏笔画为序）

刘　军　江　芳　吕　明
孙　露　吴孔宝　李　红
杜启明　李　萍　苏维冀
杨增宏　武宏钧　周　琴
周　鹏　胡玉娟　栾庆芳
徐存勇　董　涛　蒋道华

总序

随着全球化和信息化的不断拓展，教育理念的更新，传统的教师发展观越来越不适应教师职业发展的现状。近年来，关注教师实践性知识、真实课堂教学问题、开展行动研究、构建教师研究共同体等成为教师专业发展的主要方向。在这一过程中，教师不再单纯地实践和执行教学知识和理论，而是追求基于自己的教学情境、教学体验和团体合作来不断推进教师的共同发展。其中，最为典型的是20世纪末在日本基础教育兴起的“课例研究”和本世纪初在香港基础教育教师专业发展中推广的“学习研究”，这两种研究都是基于一线教师真实课堂教学环境开展的一种行动研究，本质上具有一定的前后继承关系。课堂学习和课例研究也逐渐成为很多国家和地区有效促进教师专业发展常用的方式。近年来，随着我国基础教育教师专业发展培训机制不断深入的推广，越来越需要在理念和方式上进行变革，改变长期以来的高投入、低产出，理论与实践脱节严重的现象，因此，引入一些当前较为先进的理念和方法，并加以借鉴，是一个比较切实可行的方法，也可以帮助解决目前教师专业发展培训模式可能带来的一系列问题。

适应这一教师教育的需求，"教师教育系列教材·有效教学研究丛书"面世了。丛书是合肥师范学院、合肥学院学科教学论教研室、教师教育学院部分教师以及来自基础教育一线的教研员或优秀教师通力合作、认真研究的成果。此套丛书的问世或许能够更好地服务于在我国即将开始的"全面启动实施卓越教师培养计划"(2014 年 8 月，教育部颁布了《关于实施卓越教师培养计划的意见》〔2014〕5 号)，更好地服务于职前职后基础教育教师的培养培训。

"教师教育系列教材·有效教学研究丛书"由 8 本既相对独立又相互关联的分册组成。它们是：周琴主编的《教师职业道德》、吕明主编的《教育法律法规》、江芳等主编的《校本教学研修问题与指导》、杨增宏等主编的《小学语文课堂学习与课例研究》、栾庆芳主编的《小学数学课堂学习与课例研究》、蒋道华主编的《小学英语课堂学习与课例研究》、朱家礼主编的《小学科学课堂学习与课例研究》、胡玉娟主编的《中小学信息技术课堂学习与课例研究》。有的分册实行双主编制，一部分来自高等院校长期从事学科教学论研究和教育理论研究的教师，另一部分来自基础教育一线的教研员或优秀教师。丛书的立足点是基于教师专业标准、教师教育课程标准、符合基础教育课程改革特质，旨在实现理论与实践的结合、高师院校与基础教育学校的结合。使在职的一线教师既能规范熟练地掌握教育教学技能，又能保持理论的兴趣，穿行于理论与实践之中，形成难能可贵的教师思维，获得持续的专业成长力。

《教师职业道德》共分为四个专题：道德与教师职业道德、教师职业道德原则、教师职业道德规范、教师职业道德修养和教师职业行为。本书在深刻领会习近平总书记系列重要讲话精神的基础上，围绕《中小学教师职业道德规范(2008 年修订)》《教育部关于建立健全中小学师德建设长效机制的意见》《教育部关于印发中小学教师违反职业道德行为处理办法的通知》等,对教师职业道德的内涵、特征和功能、教师职业道德的原则、教师职业道德的规范,教师职业修养的意义、原则、方法以及教师课堂行为、师生交往行为的意义和规范要求进行了深入解读。

《教育法律法规》共分为七个专题:教育法原理、《中华人民共和国教育法》解读、《国家中长期教育改革和发展规划纲要(2010—2020年)》解读、《中华人民共和国教师法》解读、《中华人民共和国义务教育法》解读、《未成年人保护法》解读和《预防未成年人犯罪法》解读。本书重点对教育法的基本原理以及教师职业生活中的相关法律法规进行了深入解读,有利于中小学幼儿园教师贯彻依法治国的理念,加强和改进思想政治工作、推进社会主义核心价值观教育,切实增强他们依法治教、依法执教的意识与能力。

《校本教学研修问题与指导》共分五个部分,第一部分简要概述校本教学研修的意义、内涵、流程、误区和应对策略。第二至第五部分分别聚焦教学设计研修、教学行为研修、学习指导研修、教学反思研修等问题,在全面介绍、归纳和分析的基础上,逐一提出研修的策略。本书重点在于提升一线教师校本教学研修的实战能力,所以在谋篇布局上,突破了传统的框架与结构定式,每一部分按照“问题概述—问题诊断—方法指导—实战案例”的架构展开,意在围绕校本教学研修实践中的问题,找出症结,在理论点拨的基础上找出解决方法,并借助典型案例,加强理论与实践的结合,铸造一线教师校本教学研究的意识与能力。

《小学语文课堂学习与课例研究》《小学数学课堂学习与课例研究》《小学英语课堂学习与课例研究》《小学科学课堂学习与课例研究》《中小学信息技术课堂学习与课例研究》每本书 20 万字左右,分两部分。第一部分是理论分析。阐释课堂学习与课例研究的基本特征、内涵以及二者的关系等，为学科课堂学习与课例研究铺垫学理基础。第二部分是经典课堂学习与课例研究展示及透析。各学科教学课例在内容上兼顾不同题材的教学案例，如：语文教学是以阅读教学为主，兼顾拼音教学、识字写字教学、写作教学、口语交际教学等。课例透析力图以简约的形式对该教学设计的内容、格式、特色等进行梳理，为读者学习、模仿指明路径。

本系列丛书是安徽省高校省级人文社科重点研究基地重点招标项目“基于教师教育课程标准的实践性课程资源库建设研究”(SK2014A087)、安徽省振兴计划重大教改项目“师范院校与中小学‘无缝对接’教师教育模式建构与实践”(2014zdjy099)的研究成果之一。

本系列丛书适合我国基础教育改革对教师培养、培训的要求，适应中小学教师专业标准下的高等师范院校教师教育课程改革的需要。

本系列丛书在写作过程中参考、引用了国内外有关研究成果和文献资料，在此对这些著作权人和作者表示敬意和感谢。

由于我们水平的限制，本书的不足和问题一定存在，敬请各位同仁和读者提出宝贵意见和建议。

2016 年 5 月

前 言

基础教育教学质量提高的根本是教师质量，而提高教师质量的根本是如何促进教师的专业发展。传统的观点认为，教师的发展是个体的自我发展，要求教师掌握扎实的学科知识、教学设计原则和方法、课堂教学方法和策略等，认为只有掌握了这些知识，并应用于实践，教师才能逐渐发展自己的专业教学能力。而促进教师专业发展常见的形式也多以培训为主，这种教师“自主独立型”的发展观一直以来是很多教师专业发展的常态。

随着全球化和信息化的不断拓展，教育理念的更新，传统的教师发展观越来越不适应教师职业发展的现状。近年来，关注教师实践性知识、真实课堂教学问题、开展行动研究、构建教师研究共同体等成为教师专业发展的主要方向。在这一过程中，教师不再单纯地实践和执行教学知识和理论，而是追求基于自己的教学情境、教学体验和团体合作来不断推进教师的共同发展。在这其中，最为典型的是 20 世纪末在日本基础教育兴起的“课例研究”和 21 世纪初在香港基础教育教师专业发展中推广的“课堂学习研究”，这两种研究都是基于一线教师真实课堂教学环境开展的行动研究，本质上具有一定的前后继承关系。课堂学习研究和课例研究也逐渐成为很多国家和地区有效促进教师专业发展常用的方式。近年来，随着我国基础教育教师专业发展培训机制推广不断深入，越来越需要在理念和方式上进行变革，改变长期以来的高投入、低产出，理论与实践脱节严重的现象。因此，引入一些当前较为先进的理念和方法，并加以借鉴，是一种比较切实可行的方法，也可以帮助解决目前教师专业发展培训模式可能带来的一系列问题。

基于目前我国基础教师教育的现状，本书立足小学学段英语教学和学习的讨论，结合《义务教育英语课程标准》倡导的评价理念，从课堂学习和课例研究视角入手，详细介绍了在日本、美国等国家基础教育阶段促进教师专业发展普遍采用的“课例研究”和香港地区基础教育一直推广的旨在提高教师专业教学能力的“学习研究”，同时，梳理了两者之间的关系，希望能够帮助一线教师比较清晰地理解如何在课堂教学情境中开展学习和课例研究。本书后面几个章节分别从小学英语语音、词汇、语法、听说和读写五个方面，以课例分析为主，选择了不同地区小学英语教师的课例设计案例，通过对课例设计细微环节的点评和解读，突出课例设计在研究过程中的重要作用，旨在帮助一线教师在开展学习和课例研究时抓住重点，有的放矢。

在本书的编写过程中，蒋道华老师负责全书的结构设计、内容选择和执笔，蜀山区教育体育局教研室副主任、英语教研员李红老师，英语教研员苏维冀老师，铜陵小学英语教研员董涛老师、徐存勇老师等参与本书中案例的选择和评析，小学英语高级教师蒋冬梅和李红老师也参与了本书的编写。本书也是安徽省高校人文社科 2013 年《师范毕业生初入职阶段需求与师范院校对策研究——以英语学科为例》(sk2013b404)项目研究的阶段性成果之一。

由于本书是关于小学英语课堂学习和课例研究的初步尝试，同时由于编写时间紧迫，编者专业水平欠缺，书中还存在很多不足之处，敬请各位同仁提出宝贵意见和建议。

2016 年 4 月

目 录

第4部分 小学英语语法课堂学习与课例研究 55

第5部分 小学英语听说课堂学习与课例研究 69

第 1 部分

英语学科课堂学习与课例研究概述

1

近年来,随着基础教育课堂教学改革不断向“深水区”拓展[①],教师专业发展成为改革最重要的推动力量。而基于校本,引导教师关注课例、关注课堂学习成为重要的研究与实践方向,很多一线教师和教学研究人员从课堂教学实际问题出发,以问题为导向,以提高教师课堂教学能力和学生学习成效为目标,不断开展形式多样的教学教研活动。同时,传统教师单纯基于个人教学经验、“单打独斗”式的课堂教学能力发展越来越不适应当前全球网络信息化飞速发展的时代大环境,而以教师教学与学习共同体构建的专业发展模式逐渐成为一线教师专业成长,促进高效课堂的主流。

为了适应社会变革给基础教育课堂教学带来的新变化和新挑战,很多国家和地区在20世纪末开始大力聚焦课堂教学和教改,最典型的是始于日本的“课例研究(lesson study)”和香港地区的“课堂学习研究(learning study)”。它们都是基于课堂实际教学问题、由教学一线教师主导参与的具体行动研究(action research)方法,对基础教育和教师专业发展产生了较大

---

① 王蔷:《基于学生学科核心素养发展的外语教师专业化途径探索》,第六届全国外语教师教育与发展学术研讨会主旨发言,2015年。

的影响，也逐步被西方基础教育课堂研究所吸纳和推广[①]。近年来，我国基础教育不断引进其他国家和地区一些比较新的课堂教学研究方法和理念，深化教育改革，促进一线教师的专业成长。但是，在引进和吸收的过程中，由于对一些基本理念的理解不够细致和深入，没有很好地结合我国基础课堂教学实际，出现了很多机械照搬，重形式、轻效益，主题随意、目标不明，经验堆砌，少有理论支撑，浅尝辄止，无后续跟进等现象[②]，严重影响了一些好的方法在基础一线课堂教学研究中的运用。因此，为了很好地在基础教学阶段开展英语课例研究和课堂学习研究，首先必须对这些概念和具体操作过程有清晰的认识和理解。

1　何为课例研究?

提高课堂教学效率、促进教师专业发展一直是基础教育重要的聚焦点，而引导教师开展基于自身课堂教学实际的行动研究成为促进教师专业成长最为有效的途径。课例研究作为教师行动研究一种重要的策略，被国内外教学教研活动广泛采纳，已成为提高基础教育教师课堂教学能力的主要手段。

1-1　课例研究的界定

课例研究始于日本，在日本基础教育教师专业发展实践中被广泛应用，已延续 100 余年之久[③]。从 21 世纪初开始，课例研究开始在西方基础教育中推广和实施，逐渐成为一个全球通用的旨在促进教师专业教学能力提高的有效方法(Stigler & Hiebert 1999)。简而言之，课例研究是一种基于教师自身

---

① Stigler, J. W. & J. Hiebert (1999). *The Teaching Gap: Best Ideas from the World's Teachers for Improving Education in the Classroom*. New York: Free Press.

② 郑琰:《"变了味"的课例研究》，载《基础教育课程》，2008 年第 58 期。

③ Dudley, P. (2015). *Lesson Study: Professional Learning for Our Time*. London & New York: Routledge.

的专业发展途径，一般以教师小组合作共同体为单位，定期集合，通过讨论学习目标、设计教案、研究具体课例、进行同行课堂观察和交流心得体会等，达到小组成员专业教学能力的共同提高。在日本，课例研究一般基于校本研究来实施，有着不同的研究主题，内容具体，指向明确，实践性较强。例如，研究如何采取有效的策略提高学生的课堂参与度，研究如何提高学生课堂英语交流的有效度，通过同课异构研究开展有效的课堂导入环节设计，研究如何在小学五年级课堂上开展有效的语法教学和效果评估等等。

课例研究基于的基本理念是：如果要提高教学，最有效的途径是扎根于具体的课堂教学环境。一旦一节课开始，教师面临的最大挑战不是如何将理论应用于课堂实践，而是如何有效利用课堂中的生成性变化来促进学生的学习，使学习能真正发生；同时，借助于课例研究，教师可以共享这些课堂教学实践经验，提出问题、分析问题和解决问题。

1-2 课例研究的一般程序

课例研究作为一种教师自主参与的行动研究，不同于教师日常教学常规的教学教研活动，它本身有着比较严谨的、科学的、基于实践的、聚焦某些特定问题的研究程序，参与的教师有着相似的教学实践问题；在课例研究过程中，每个成员分工明确，遵循一定的研究步骤，通力合作，例如，共同设计研究课教案、设计学生访谈提纲、课堂观察、研究课后的讨论与改进、分享研究课体验等。

在日本的校本课例研究中，一般要经过八个步骤：确定研究问题、设计研究课教案、教授研究课、评价课例和反思教学效果、修改课例、再教授课例、再评价和反思、共享研究结果（Stigler & Hiebert 1999）。但在具体的操作实施中，为了保证课例研究的成效，一次课例研究通常要做三轮“研究课（research lesson）”案例，每一轮研究课都需要小组成员共同参与，首先设计研究课教案，针对具体问题，聚焦哪些课堂教学方法能提高学生的参与度和学习效果；其次，选择某一位教师公开教授小组成员共同设计的“研究课”，其他成员分工协作，进行即时课堂观察，有的教师聚焦课堂上学生的学习状态，有的教师关注课堂上师生互动的效果，有的教师记录课堂上的教学目标有没有达成等；课后，安排课例研究小组成员采访学生，了解学生在这一节研究课上的学习情况，之后，具体讨论课堂上出现的各种教学问题，基于学生的反馈和问题的讨论再重新修改研究课教案，选择不同教师和学生进行第二轮授课。第二轮授课之后经过类似的程序：讨论，修改，再进行第三轮研究课授课。最后，对三轮研究课进行综合讨论，总结经验，提炼解决某些具体问题的有效方法，再进行拓展和推广（Dudley 2011）（见图 1[①]）。

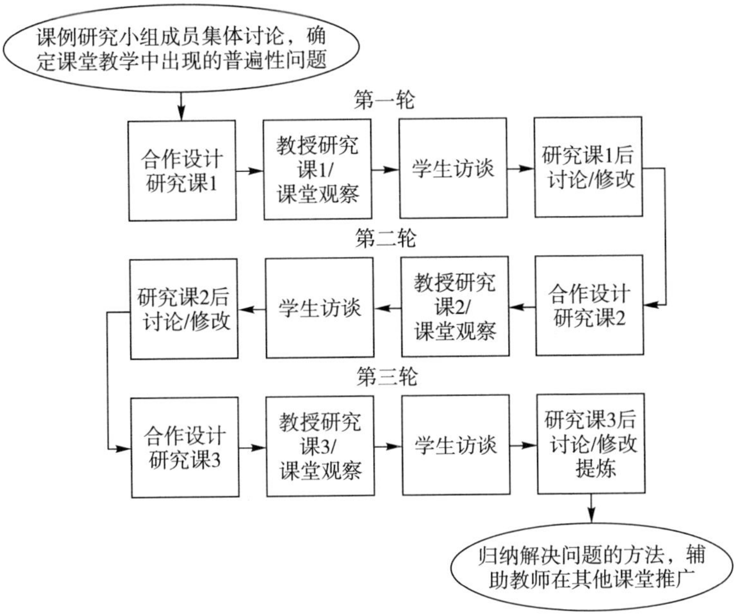

图 1　典型的三轮课例研究程序

在比较严谨的课例研究过程中，教师不仅仅是参与者，更是教学的研究

① Dudley，P.（2011）. *The Lesson Study Toolkit*. Bethlehem：Bethlehem University.

者(teacher as researcher)。课例研究的目的是提高课堂教学成效,解决教学中出现的实际问题,进而促进学生学习的发生和一线参与教师自身的学科教学能力的发展,但其最终指向是聚焦研究课堂教学过程,而不是单纯地提高课例教学设计本身。

在课例研究实施中,一般有两个核心要素:一是详细的、可供使用的课例设计(教案);二是对课例深度的研究,聚焦教与学的互动、能解释学生如何回应教学、如何进一步完善教学。在图1三轮的课例研究程序中,一般具体要涉及下面几个步骤:

(1)描述学习目标(Formulating Learning Goals)

课例研究小组通常由来自同一学科的3至6名教师组成,共同协商选择课文、话题和学生学习目标。选择的话题通常是课文中最重要的部分,也是学生最容易产生学习问题的内容。选择的研究课例一般直接指向具体学习目标(例如,理解具体的概念或课程内容),能够培养学生的学习能力、思维习惯和个人素养。

在日本,学校通常要设计课例研究点,要符合学校总体学业规划目标,涵盖学生的品质培养、人文素养培养和感知能力培养,例如,学生的学习好奇心、独自思考能力、个性差异化学习等。为了符合学校人才培养目标,课例研究关注的焦点主要涉及学生在专业学科学习中的思辨能力、分析能力和应用能力的培养。因此,在课例研究设计中,描述学生学习目标时必须时刻考虑这些能力目标。

(2)设计研究课(Designing the Research Lesson)

课例小组设计一节研究课,旨在具体落实学生学习目标①。课例小组成员可以对教案进行不断的完善,或者重新设计,但是一节研究课例中学生要达成的学习目标(教学目标)一般是不变的。课例研究小组成员可以由新手

---

① Lewis, C. (2002). *Lesson Study: A Handbook of Teacher-led Instructional Improvement*. Philadelphia: Research for Better Schools, Inc.

教师和有经验教师组成，相互合作，在设计教案时分享已有的教学经历、教学问题和可能的优化教学方法，共同打造研究课的设计(参看表 1)。

表 1　研究课设计样例

日期： 地点： 小组成员： 授课者： 1. 研究课话题： 2. 教学目标： 3. 与课程标准的关系： 4. 设计思路(学生对话题的了解程度如何，期望学生进一步学习什么，为什么要这样设计等)： 5. 研究课描述：		
学生活动	预期的学生反应	评价
1. 呈现：		
2. 讨论：		
3. 总结：		
4. 评估： 5. 课堂观察点： 6. 归纳(课后的讨论)：		

研究课设计与日常的教学设计不同。首先，教师参与度不同，研究课需要不同教师的深度参与，是参加设计的教师们集体智慧的结晶，能直面一线教师教学中的问题和学生学习的主要困难，其指向是“解决实际问题”，其研究性比较明显，而日常教学设计是基于教学内容，完成教学目标，一般多由教师个体独立完成，缺乏研究的特点。其次，研究课设计以实践中出现的教学问题和学习问题为驱动，以解决问题为导向，一旦找出比较有效的解决问题的教学方法，就在之后的课堂上加以应用和推广，因而，研究课设计更多具有教学的“反拨效应(backwash effect)”，日常的教学设计一般不具备这样的特点。

(3)设计研究过程(Designing the Study)

课例研究与日常教学最大的差别还在于其过程。课例研究本质上是一种对"课"的研究,因而具有很多研究的特点。例如,小组成员要分工协作,进行细致的课堂观察,收集课堂上学生学习行为表现的数据。这种研究过程设计与教案设计是同时进行的,当教师在设计课例教案时,就开始研究学生课堂上哪些学习行为表现是教师们应该关注的焦点,是数据收集的重点。

一种错误的理解认为课例研究就是研究一节课的有效性(即学生是否学习了应该要学习的内容,课程教学目标是否达成)。虽然教学有效性是教学的主要部分,但是课例研究首要关注的不是学生学了什么(what),而是学生是如何(how)学的。因此,在课堂上,教师应该关注的是学生的思维,学生是如何理解教学内容的,遇到了哪些学习困难,如何回答问题的,学生在学习过程中思维是如何变化的等等。这些判断和观察不同于对一节课"有效性"的评价。

为了便于对研究课进行数据收集,一般要事先设计观察框架,明确哪一类课堂数据是收集的重点。

(4)对研究课的教学与观察(Teaching and Observing the Research Lesson)

研究课一般按照学期的正常教学进度实施,一位教师授课,其他教师参与,收集课堂教学过程中的不同数据。不同于日常的课堂观察(教师的教、学生的学、师生互动等),课例研究的课堂观察多聚焦学生在课堂上的反应,特别是教师集体设计时认为学生最有可能产生学习困难的内容,学生的这些反应是课例下一轮设计要调整的关键。

观察者在收集课堂上学生学习行为表现数据的基础上,通过对学生学习活动的记录,学生参与度、行为表现等的描述,能把握实际教学过程中复杂的微变化。这能为课例研究与讨论准备充分的实证性数据,也为下一轮课例调整与设计提供丰富的参考。

(5)分析数据和重复过程(Analyzing the Data and Repeating the Process)

在研究课后,基于收集的数据,小组成员集体讨论,重点关注教学中出现的教学问题和学生学习问题，讨论设计的教学方法和策略是否达到预期的目标，学生的反馈如何，哪些方面有待进一步调整和完善等，在这些讨论的基础上，再对研究课设计进行修改和完善，由另外一位教师在不同班级再进行下一轮上课。

在新一轮的研究课教学中，教学观察重点关注教学设计中的修改部分，观察修改的教学环节有没有带来教学效果和学生学习效果的提升，学生的反应在哪些方面比上一轮有了较好的变化，是不是促成了课堂上学生学习的发生等。

(6)归纳和推广研究课结果(Generalizing and Extending the Research Lesson)

总结几轮的研究课实践教学经验，课例研究最终的目标是看事先源于教学实践的问题是否得到解决。通过对教学中收集到的数据进行分析和归纳，提炼一般性的教学方法或教学策略，形成可以具体指导其他教师进行有效课堂教学的指南。

推广课例研究发现也是其“研究性”的重要目标之一。这种源于一线教师实践教学的课例研究，主要以问题为驱动，旨在解决教学中的实际问题。因而，其研究结果具有较强的普遍性，发现的有效方法或策略值得推广，有助于教师专业教学能力的不断提高。在日本，很多教师反馈，课例研究是快速、有效提高教师专业教学能力的重要途径。21世纪初，在欧美等国家的基础教育领域，课例研究被广泛采用，成为提高学科教师专业教学能力重要的手段之一(Dudley 2015)。

1-3　小结

课例研究作为教师专业发展的一种方法，在国外基础教育教师发展中一直被广泛应用。教师通过参与课例研究，共同讨论，不断对研究课进行设计、修正和完善；教师在参与中不断加深对课程的理解，对学生学习问题的深度分析，提高自身对教学和学习的批判性解读，在循环中不断促进教师反思能力的提高，这也是教师专业能力可持续发展的核心（见图 2[①]），也是有助于教师从被动专业发展向主动专业发展转变的重要手段。

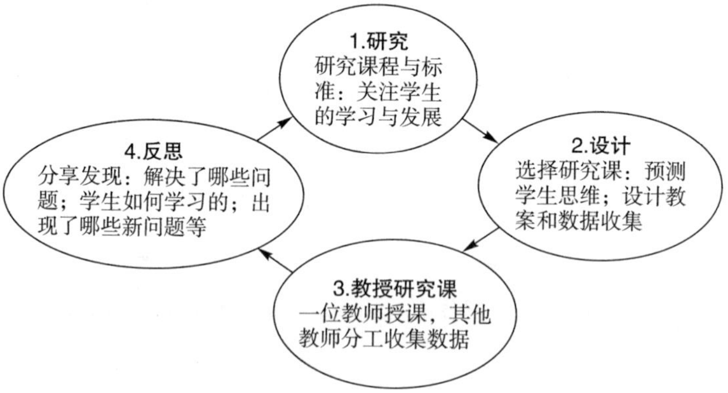

图 2　研究课循环图

2　何为课堂学习研究?

课堂学习研究（learning study）是近 10 年来改善基础教学行动研究的一种新模式，最早源于香港教育学院推动的教师专业发展项目[②]。它通常是由教研人员与中小学教师共同参与的一种行动研究，旨在改善课堂上的教与学，它广泛吸纳了大陆的教研活动（teaching study）和日本课例研究中的优秀做法，同时基于系统的科学学习理论模式发展而来，是一整套系统的程序和实践模式。虽然都是以改善教学和学习为目标，但学习研究更注重其采用的学习理论在实践中的应用，其关注点在如何设计适当的学习体验，来帮助

---

① Lewis, C. & I. Tshuchida. (1998). *A Lesson Is Like a Swiftly Flowing River: How Research Lessons Improve Japanese Education*. American Educator, 14—17, 50—52.

② 卢敏玲、唐田:《课堂学习研究:教师专业发展的平台》,载《江苏教育研究》,2009 年第 5 期。

学生掌握学习内容[①]，其最终目标是找出教师处理学习内容的方法与学生学习成效之间的关系，从而改进教与学[②]。

2-1　学习研究的界定

学习研究作为一个专业概念，指为达成教学目标所做的系统性安排，并从研究中概括出一般性规律，它本身是一个设计实验（design experiment），而不一定是一个课例。说它是学习研究，首先是指它能促进课堂上学习的发生；其次，参与的教师可以在合作中彼此学习、在体验中学习、在研究中学习（Marton & Tsui 2004：192），促进教师专业能力的快速提高。

学习研究是一种系统性的、旨在改善教与学效果、促进教师专业发展的模式。不同于课例研究（很多研究都是基于教师具体教学实际问题，都是为解决问题来设计“研究”，因而各个研究之间关系比较松散，缺乏系统性和理论基础），学习研究在其发展初期就具有坚实的理论基础，即瑞典研究者 Marton 及其同事发展的“变易学习理论（Theory of Variation）”框架。变易学习理论认为学习就是让人们对事物的看法有所改变，也就是纠正那些错误的看法，或拓宽原来狭隘的看法，因此，这种看法的形成需要一种有效的辨识（discernment），而辨识的成效需要首先明确学习对象（object of learning）的关键性特征（critical features），然后通过变易图式（patterns of variation）来引发对照、概括、分离和融合等思辨过程，让学习者更清晰地辨识到学习内容的关键性特征。

---

① Lo, M. L., W. Y. Pong & P. Chik. (2005). *For Each and Everyone: Catering for Individual Differences Through Learning Study*. HK: Hong Kong University Press.

② Marton & B. M. Tsui. (2004). *Classroom Discourse and the Space of Learning*. Mahwah, New Jersey: Lawrence Erlbaum Associates, Publishers.

2-2 变易学习理论

变易学习理论涉及学习的五个维度：对学习的看法；学习对象或内容；关键性特征；辨识；变易。这几个维度是学习研究具体实施中参照的核心要素。

2-2-1 对“学习”的理解

通常，人们多把学生不同的学习结果归结于学生的学能不同，认为教师的作用不是关键。而变易学习理论认为，学习一定是指向某个要学的对象，即学习内容，学习的意义在于对学习内容产生前后不同的理解；其次，任何一项学习内容，人们对它的理解都取决于所关注或辨识到的特征，由于不同人可能关注了不同的特征，自然会有不同的理解方式，于是便出现不同的学习结果。所以，如果要求学生以特定的方式理解学习内容，学生必须能辨识到相对于这种理解来说的特定特征，即“关键特征”。课堂上学生呈现了不同的学习结果，主要原因并非他们学能的高低，而是由于他们对学习内容特征辨识的不同。例如，可能没有抓住学习内容的关键特征，学生缺乏帮助其理解学习内容的体验，或者学习内容与已有的直观认知相冲突等。

2-2-2 对“学习内容”的理解

每个学科都有其内在的体系和思维逻辑，整体和部分之间的关系就如一幅全息图，每一部分都隐藏着整体的特征，是构建整体不可或缺的一块，各个学科的知识体系也是如此。变易学习理论正是以学生所学的对象为出发点，这个对象或内容包含了或反映了学科的内在逻辑、思维方法、表现形式、教学目标、教学理念等，专业化的教师不但要能明白所教学科的知识对象，还要能掌握每个知识点在学科中的位置，与整体之间的关系。学习研究中所聚焦的学习内容必须涵盖两个层面：课堂上要处理的知识内容；这些内容能发展起来的一般能力①。

2-2-3　学习中的“变易”及其三个层面

对学习内容的理解，取决于学习者聚焦学习内容的关键特征。通常变化的对象更能引起人们的注意，所以利用不同的变易图式(即什么变，什么不变)，可以帮助学习者聚焦于特定的特征上。Marton et al. 指出，学习必须透过辨识，而辨识必须体验过变易，而变易是促成学习者聚焦的显著性特征，也是学习的目标②。从这个意义上说，变易是促成学生学习发生重要的基础，如果教师能把握学习过程中学习内容的变易性特征，就能有效地促进学生学习，提高教学效能，这也是开展“学习研究”最重要的目标。

如何把握学习过程中的变易特征？基于变易学习理论框架，香港的学习研究小组在具体教学实践中将变易体现在三个层面(卢敏玲 2005:85)：

第一层面变易(V1)：学习者对学习内容不同的理解所带来的变易。它要求教师必须从学习者的视角出发，找出他们的学习难点，并有针对性地做出处理；同时，还要求教师能打破传统由学科、课程大纲、教师或教科书来决定学习内容的教学习惯，更要关注学生对所学内容知识的理解，以及这些内容与学生的切身关系，也就是说，对学习内容的有效学习离不开学生对内容的已有体验和主动参与。但由于各所学校、各个地区之间有一定差异，学生的生活体验和学习体验有所不同，因此，开发符合学生学习特点和认知特点的“校本课程”尤为重要。

第二层面变易(V2)：教师自我对学习内容不同理解及相应的处理方式所带来的变易。这要求教师能突破以往彼此孤立的教学习惯，分享自己的教学实践性知识，多与其他教师开展经验交流，构建互相扶持、互助互利的专业发展共同体。这是当前快速提高教师专业教学能力最为有效的途径。

---

① 卢敏玲：《“课堂学习研究”对香港教育的影响》，载《开放教育研究》，2005 年第 3 期。

② Marton, F. & B. M. Tsui. (2004). *Classroom Discourse and the Space of Learning*. Mahwah, New Jersey: Lawrence Erlbaum Associates, Publishers.

第三层面变易(V3):采用适合的变易作为指导教学设计的参照和根据。这一层面尤为重要,它是教师"教"和学生"学"的连接点,是促成课堂学习发生的关键。这要求教师摆脱传统课堂只注重教学形式的惯例,而把着眼点放在学习内容的处理上,特别是能处理学习内容的关键特征,并能让教师有一个非常有效的工具来分析课堂教学中这些处理过程,有利于课后对这些方法的概括、归纳和推广。

2-3 课堂学习研究基本模式

课堂学习研究本质上是一种合作式的教师行动研究,一般由教研人员和一线教师共同参与,组成研究共同体,针对一节课的教学内容来集体备课、观课,并进行系统的评估与反思,以达到更有效的教与学。

通过广泛吸收大陆教研活动和日本课例研究的丰富经验,香港的课堂学习研究经过多年的探索与实践,逐渐摸索出了一套比较有效的、系统的操作模式(图 3)。

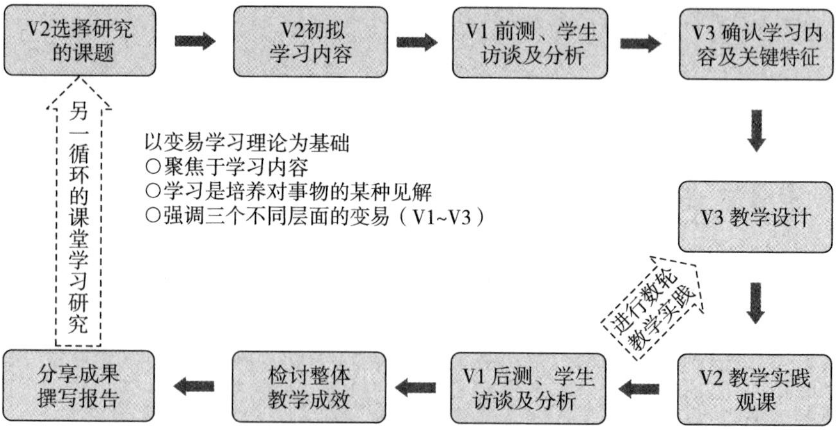

图 3　课堂学习研究基本程序

上图采用的三个层面的变易来指导教学设计和学生学习研究,并不是仅仅停留于理论思辨上,而是与实践紧密关联,类似于课例研究。学习研究的过程中，广泛采用课前访谈、先导测试、后测等，充分了解学生学习状态和能力水平，对知识内容的不同见解，并加以分析（V1）；教师之间通过合作，建立学习研究共同体，分享各自已有的教学问题和教学见解，以及基于经验的相应教学处理方法和策略（V2）；依据学生和教师对学习内容的不同见解视角，教师合作尝试创设恰当的学习情境，帮助学习者从中辨识到学习内容的关键特征，让学习从泛而浅逐步转化为精而深（V3）。

2-4 小结

香港所实施的课堂学习研究通过近年来在近两百所中小学的实践，为推行的基础教育改革搭建了一个实施的平台，找到了教育改革的突破口，也充分显示了学生有效学习、教师专业发展、校本课程发展及学校特色文化建设等方面的成果[①]。近年来，大陆长期实行的教研活动（集中培训、集体备课、磨课、校外观摩公开课、教学比赛与研讨等）形式的教师专业发展模式越来越形式大于实质，研究性含量不高，一线教师教学与教研的学习共同体还没有广泛形成。虽然这些现象的产生有学校制度与文化氛围的原因，但缺乏建立教师专业发展新模式的促成因素是最重要的原因之一。日本的课例研究与香港的学习研究可以为大陆基础教育教师专业教学能力的发展提供重要的启示，值得结合本土教育情境加以参照与借鉴。

3 小学英语教学实践中的课堂学习与课例研究

课堂学习与课例研究本身源于教学实践，是基于实践教学问题的再思考，是问题驱动下的研究。因此，如何理解和实践课堂学习与课例研究离不开具体学科的课堂教学实际。在小学英语学科教育中，虽然集体备课、磨课

① 李树英、高宝玉：《课堂学习研究的国际展望》，载《全球教育展望》，2007 年第 1 期。

与研课等可能已成为一些学校的教学教研常态，但是，建立科学、系统的，以课例研究为牵引的学习研究教师共同体并不常见，追求课堂教学问题短期解决方法的观念还很普遍，研究性的教学教研活动占比不高[①]，很多教师所获得的教学实践知识概括性和归纳性不强，很难推广和在其他教学情境中应用。所以，借鉴课堂学习与课例研究的方法可以有效地解决这些问题。

3-1　课堂学习研究与课例研究的关系

通过上面的分析，不难发现，课堂学习研究与课例研究并不是两种截然不同的方法，从它们的发展历程来看，学习研究充分汲取了课例研究优秀的实践方法和经验，研究课也成为学习研究过程中重要的环节；同时，学习研究有着自身明确的学习理论作为基础，所有的设计过程都参照了变易学习理论的基本理念。从这个意义上来说，学习研究是对课例研究的进一步发展和深化，是结合香港本土教育经验的教学创新，是一种严谨的、科学的、系统的旨在有效促进教师专业教学能力发展，促成学生课堂学习发生的新途径。它以变易学习理论为理论基础，吸纳了教研活动的一些方法和形式，对课例研究做了进一步的拓展和系统性的应用(图 4)。

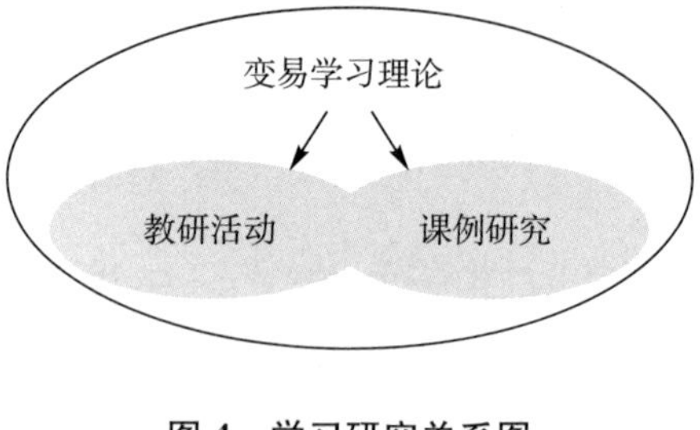

图 4　学习研究关系图

在小学英语教学中，学习研究可以作为一种有效地促进教师合作，提高

① 王荣生、高晶：《“课例研究”：本土经验及多种心态(上)》，载《教育发展研究》，2012 年第 8 期。

教学质量的方法。通过吸纳常规教研活动的一些方法(如集体备课、就某一问题的经验交流、"同课异构"、开公开课等),了解学生对学习内容的理解或学习某些内容存在的主要问题,再分享参与教师常规解决这些问题采取的一般性方法和策略,来设计以某一研究课为焦点,进行系统、科学的研究,在研究的过程中不断加深教师对教学问题的认识,提高教师的专业教学能力和学生学习的效果。例如,在小学英语教学中,语音教学一直是一个重点和难点,多数教师的处理方法不外乎是进行机械的、反复性的训练,或者借鉴其他教师一些零散的方法。有些教师虽然听说了方法成系统的"自然拼读法(phonics)",但是结合到自己的课堂,却发现不知如何操作,或者采用的方法的成效不明显。这些教师多半缺乏一种结合自己教学情境的、结合学生学习实际的和自我教学实践的反思和研究意识,单纯地效仿必然很难找到符合自己教学环境的有效方法。从这个意义上说,采用课堂学习研究,全面科学地研究教师自己的英语语音教学课例,在合作共享的过程中才能形成适当的方法和策略。

3-2　小学英语教学实践中课堂学习与课例研究的实施与应用

小学学段是英语学习的初始阶段,学生缺乏一定的英语语言知识和能力的积累,同时,由于小学生的认知特点和学习特点不同于成人语言学习者,其自主性和抽象理解能力较弱,因此,在学习一门新语言时会面临一系列问题。作为小学英语教师,一方面要充分了解小学学段英语学习的独特性,另一方面要善于以课例为牵引,以课堂教学和学生学习问题为驱动,与同行合作,进行学习研究,研究自己的课堂、自己的学生,寻求有效的、能解决实际问题的方法和策略。

目前,对于基础教育阶段小学英语教师专业能力发展来说,多数一线教师比较熟悉英语教研活动的各种形式,但是,课堂学习与课例研究还是一个比较新颖的话题，特别是在当前强调教师专业发展过程中的学习共同体构建，提高一线教师的整体职业素养方面，学习研究小组的建设尤为重要，也是快速、系统提高教师专业教学能力的有效方法，但在实践中如何实施这样的研究，很多教师还是一知半解。下面从课堂学习与课例研究可操作的方法角度对小学英语教师专业教学能力发展进行简要的说明。

3-2-1 课堂学习与课例研究是促进小学英语教师专业发展的平台

传统中小学英语教师的专业发展一般以培训为主，指向教师的专业学习，即对英语教育与教学理论的学习，通常脱离教师的日常教学实践，特别是课堂教学和学生学习中出现的实际问题；即使培训也涉及一些教学实际问题，一般都是以规定性的思维来要求教师应该怎么做，但具体效果如何，却不是培训关注的内容。因为，很多教师培训假定教师进行了专业学习，就能够直接应用于实践，就能够引发学生的有效学习。结果，这种教师发展模式对拉近理论与实践之间的距离并没有多大贡献(卢敏玲，唐田，2009)。

学习研究模式认为，教师专业教学能力要有真正的发展，学生学习要能真正发生，必须关注真实课堂，并以一节课为出发点，教师在行动中学习，通过严谨、科学、系统的方法，教师能逐步建立教与学共通的发展平台，加深对学生学习困难的理解。从这个意义上说，小学英语教师要提高自身对小学英语教学的认识，能深度把握教材内容、学习内容和学生学习需求，能合理将自身教学体验融于课堂教学创新和改革中，课堂学习与课例研究不失为一种很好的与小学英语教学实践结合起来的方法。因此，对于小学学段的教学管理人员、负责英语教学教研的教师或一线教师来说，尽快建立课堂学习与课例研究小组，构建基于课堂、基于教与学实际问题、参与教师共享、合作、研究的教学环境是有效提高教师专业教学能力的必要手段，也是促进教师专业可持续发展的重要途径之一。

3-2-2 课堂学习与课例研究在小学英语教学中的实施

香港基础教育经过多年的实践，学习研究已经发展出一套成熟的、科学的研究程序，它充分整合了教研与课例研究的特点，从学习理论的基础出发，设计出一系列可操作的实施步骤。对于小学英语教师发展来说，可以首先设计下面简洁的模式作为学习研究的框架(图 5)。

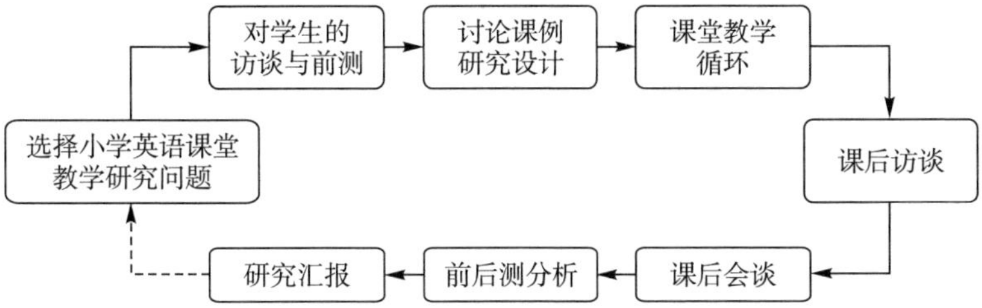

图 5　小学英语课堂学习与课例研究实施步骤

(1)对小学英语课堂教学和学生问题的分析

课堂学习与课例研究非常重视学生对学习内容的想法和认知，要想有效地培养或改变小学生学习英语的思维和习惯，加深他们对英语学习知识内容的理解，教师必须了解学生的学习方式与理解方式。教师在学习研究过程中，要想掌握学生这些学习信息，最有效的方式是课前、课后对学生进行访谈，课堂上对学生进行有针对性的观察，对学习内容实施具体的前测和后测分析。

案例 1　难以预测的学习难度(调查)——小学英语“一般过去时”的运用。

T：你知道“一般过去时”是什么吗？

S：是语法。

T：什么时候可以用“一般过去时”？

S：说过去的事用。

T：假如你昨晚写了一封信给你的朋友，信里面用什么时态？

S：过去时呀！因为是昨晚写的嘛。

通过类似这样的调查，可以了解学生对某些语言知识的理解，及其语言理解存在哪些问题。以这些问题为驱动，可以引导对学生英语学习进行有针对性的课堂学习和课例研究，从而在教学实践过程中设计比较有效的解决问题的手段和策略。

(2)同行间的协作与学习

小学英语课堂学习和课例研究为参与的教师提供了互相学习、互相促进的平台。不同教师对学习内容及教学方式有不同的理解，借助于对话可以使由经验得来的隐性知识更清晰、更具有可操作性。在这其中，讨论交流、课堂观察是重要的环节。

案例 2 同伴课堂观察与教学循环——"Turning over a New Leaf"(香港朗文小学英语教材 5A)。

这篇课文是针对小学六年级学生设计的，内容是关于学生新学期的愿望或计划。在教学设计中，教师为了提高学生的学习兴趣，制作了一个"愿望墙"，在教授课文中一些常用的表达愿望或计划的词汇和句型结构后，让学生写出自己的愿望或计划，贴在"愿望墙"上。

同伴教师课后调查：

T：刚才的英语课，你们学了什么？

S：新学期的愿望或计划。

T：你们现在会用英语说自己的愿望或计划吗？

S：会！I want to…

T：为什么老师要教你们表达新学期的愿望或计划？

S：(想了想，摇摇头)不知道。

学生对这节课的理解说明教师可能在处理教材内容中的"不变"与"变"的层面出了问题。通常，教师只关注教材"不变"的层面(What 的问题)，即语言形式(词汇、语法)层面和简单的意义表达层面，却对教材内容背后"变"的层面挖掘不深(How 和 Why 的问题)。因此，课堂教学未必能达到预期的效果，学生所学的不一定是有价值的学习内容。

在第二轮的教学设计中，教师可以在呈现课文基本内容的基础上，重点抓住"变"的层面，引导学生思考如何实现自己的愿望、完成自己的计划，以及为什么我们要为自己制定愿望和计划，每个学生的回答肯定是"变化的"。这些活动能比较深入地引发学生的思考，帮助学生探索内容背后所体现的意义。

同伴教师第二次课后调查：

T：刚才的英语课，你们学了什么？
S：制定愿望和计划很重要，我们都要为自己的愿望和计划努力。
T：你们喜欢这节课吗？为什么？
S：喜欢，每个人都可以自由地说，每个人的想法都很不同，很有意思。

同行间的协作、讨论与学习，有助于推动教师的反思，不断提升教师对教学设计和学生学习特点的认识，进而提高教与学的效能。而这些收获，又可以通过实践共同体所有参与者的实践与推广，最终可以使教学中的隐性经验知识转化为显性的专业教学知识。

(3)专业研究人员的参与

在小学英语课堂学习和课例研究过程中，专业研究人员的参与可以发挥重要的作用。首先，专业研究人员可以为一线参与教师引入最新的研究成果，改变和更新教师关于教学和学习的基本理念。例如，学生在小学英语学习过程中的成绩情况，很多是由学生的个体差异造成的，反映了他们不同的学习经验，并不能代表他们智商的高低，教师如果能认识这些学习者内在的差异性，就能较为科学地、有针对性地进行教学设计。

其次，专业研究人员的参与可以帮助一线教师理解和应用教学理论。研究人员一般具有较为丰富的专业知识(包括学科知识和教学知识)，能协助教师处理理论与实践之间的关系。在专业研究人员的引领下，一线教师通过基于课堂教学实践反复的讨论和观察，深化个人的学科知识和实践性知识，提升学科教学能力。

最后，专业研究人员的参与可以推动一线教师在教学实践中反思，在反思后实践，不断提高自我的反思性实践能力[①]。专业研究人员不仅可以指导

---

① Schön, D. A. (1983). *The Reflective Practitioner: How Professionals Think in Action*. New York: Basic Books; Farrell, T. S. C. (2015). *Promoting Teacher Reflection in Second Language Education*. New York: Routledge.

一线教师如何教好一节课，或掌握一种教学理论或策略，而且可能指导他们学会通过行动研究来审视和改善教与学的信念与方法，达到可持续的职业终身发展。

3-3 小结

英语课堂教学的成效大小关键在于教师，而课堂学习和课例研究是一种基于课堂实践，较为有效的辅助教师发展的方法。对于小学一线英语教师来说，建立教学学习共同体，与专业研究人员合作，在行动研究过程中解决课堂实际问题，不断加深对课堂教学微环节的认识，才是提高自我学科教学能力的保证。当然，教师必须要充分了解和熟悉课堂学习和课例研究的一般性程序和具体的操作方法，这样才能发挥出方法的最大效果。

第2部分

小学英语语音
课堂学习与课例研究

2

1 小学英语语音学习标准要求

1-1 《义务教育英语课程标准》(2011)对小学英语语音学习的描述

《义务教育英语课程标准》(2011)(以下简称《课标》)在“英语课程分级目标体系”中对小学阶段有两个级别的目标描述:一级和二级。建议小学英语从三年级开始开设课程,并且规定各个级别应该达到的级别要求。小学英语基本语言知识体系的内容是根据小学生认知特点、学习特点和外语学习特点来进行科学、系统的设计,《课标》虽然没有对小学英语一级的语言知识体系进行详细描述,但明确规定了小学学段英语二级应该掌握的基本知识体系,具体包括语音、词汇、语法、功能和话题。就小学英语语音来说,二级的分级标准将其具体描述为:

级别	知识	内容描述	解析
二级	语音	1. 正确读出26个英文字母。 2. 了解简单的拼读规律。 3. 了解单词有重音,句子有重读。 4. 了解英语语音包括连读、节奏、停顿、语调等现象。	语音意识的培养和语感的形成要建立在大量的感知、理解和实践活动的基础上,单纯语音知识的记忆不是最终的学习目标。

基于以上对小学英语语音知识体系的明确，《课标》附录中对具体的语音项目做了细化，它也是小学学段英语语音教学和学习的主要知识内容。

在小学英语教学与学习中，《课标》强调实践性原则，改变了过去过分重视语音知识的单纯讲解与机械记忆的倾向，提出语音的训练必须紧密结合听、说、读、写，课堂中的教学任务活动安排要以有意义的实践为取向，涉及具体不易体现在实践中的元语言语音知识，也建议多用提示、注意和观察、发现、分析、归纳、对比、总结等方式进行，让小学生练习运用科学的思维方法。

英语教育的目标是培养学生语言综合运用能力，如果孤立起来，语音、词汇、语法任何一项都不是语言使用的本质，也不能实现语言作为交际工具的作用。语音、词汇、语法的使用都是在语言运用过程中表现出来的，只有基于生活体验，通过学习有意义的对话或篇章，才能帮助学生习得自然的语音和语调，培养对英语语音的感知。

1-2　小学英语语音学习的学业标准描述

在《课标》中，由于对小学各个年级的英语教学与学习目标描述不够具体，因此，有必要对各个年级的英语学业标准进行细化。语音知识是语言最基础的部分，也是学生学习的重要内容之一。自然规范的语音、语调将为有效的口语交际和听力能力的提高打下良好的基础。《课标》强调，语音教学与学习应注重语义和语境、语调和语流相结合，不必单纯追求单个音的准确性。因此，教师在从事小学英语课堂学习与课例研究过程中，必须在《课标》的基础上，结合学生学习情况，把握小学学段语音学习的具体学业标准要求。

在英语起始阶段，语音学习应主要通过模仿来进行，教师应提供大量的听音、反复模仿和实践的机会，帮助学生养成良好的发音习惯。同时，学习语音也应该初步了解一些英语基本的语音知识和发音规律等元语音知识（元音字母与辅音字母的区别、单词和句子的重音、连读、语调等），对小学生语音知识的有效评价也应该以围绕发音实践为主,兼顾一些基本的发音知识。

一般认为,小学学段英语语音学习的主要目标是:解决与语音相关的音形对应问题,实现单词直读。前者的问题与语音相关,也与单词记忆相关。而英语学习最基础的问题是语音和单词记忆的问题,它也是小学英语教学与学习的难点。这个问题不解决好,对英语后续的学习影响较大。《课标》中强调了对字母、字母组合发音规律的学习,其实也体现了音形对应的问题,人教版 PEP 小学英语教材采用的语音教学设计主线是“自然拼读法(phonics)”,辅以音标教学,也整合了音形对应的语音学习。

小学学段英语语音学习也可以从字母、词汇、句子和篇章等几个角度提出学生应该达到的目标。在字母学习方面,要求能熟练背诵 26 个英文字母,能够准确读出 Aa, Ee, Ii, Oo, Uu 5 个元音字母,准确模仿辅音字母在单词中的发音,熟悉辅音音素,初步了解 5 个元音字母在重读开音节、重读闭音节中的发音音素,从而掌握拼音文字的基本拼读方法,熟悉 26 个字母的发音归类。在词汇学习方面,要求能用正确的音素、音节、音标拼读四会单词。在句子方面,要求能比较熟练地朗读、背诵所学的句型,语音、语调基本正确,掌握节奏美和韵律美。在篇章方面,要求了解英语语音的轻重音,学会处理语调和语义功能之间的关系。

1-3　小学英语课堂学习与课例研究中的语音教学研究

在实际教学过程中,教师可能会发现初学英语的学生在发音上会出现很多问题。虽然学习语音要很好地了解音标,但由于小学生英语知识积累不足,对音标的理性认识还比较少,所以小学初始阶段要注意进行音标教学的方法。但是单纯、孤立地学习单词发音、句子发音,系统性不足,容易使小学生养成不科学的语音学习习惯,如利用汉字或拼音标英语单词和句子发音,如 two 标成“兔”,not at all 标成“脑脱壳”。这种方式容易导致学生发音中的走音，不准确，也不利于培养学生正确的发音习惯。同时，不懂发音规律，学生记忆单词效率也不高，不能将发音规则与单词的书写结合起来。发音的不准确也不利于小学生英语学习兴趣的培养，可能会打击学生学习英语的积极性。

作为一线英语教师，只有在充分了解学生英语学习和发音困难的基础上，才能从问题出发，进行有针对性的、科学的、系统的课堂学习和课例研究，选择某一种语音教学方法，结合学生的学习特点，开展多轮的实践性研究。例如，教师可以采用目前国际上针对小学生学习英语语音的自然拼读法，结合英语《课标》和学业标准要求来设计课例，进行有针对性的研究，找出较为有效的教学策略。

2　小学英语语音学习关键问题及教学方法指导

在开展小学英语语音课堂学习与课例研究过程中，发现学生语音学习关键性问题非常重要，也是开展研究的出发点；同时，这些关键性问题必须具有一定代表性，是学生在英语语音学习过程中经常出现的障碍。当然，研究小学英语语音教学，不能单纯地研究字母发音、词汇发音或句子的语音语调，必须还要结合一定的语音教学方法，在基于课堂教学实践的过程中，在一线教师的共同参与、互相协作下，经过几轮的设计、修改、完善，研究出适合学生语音学习的有效方法与策略。

下面介绍几种常见的语音教学方法，教师在开展小学英语课堂学习与课例研究中，可以以这些方法为起点，在不断的实践过程中，逐步形成适合自己的语音教学策略。

2-1　基于“自然拼读法”的小学英语语音课堂学习与课例研究

这种方法最早起源于美国，20 世纪开始盛行。目前，澳大利亚、加拿大、新加坡、韩国等国家及我国台湾、香港、澳门地区的小学也都在进行语音规则知识和拼读教学方法的实践和探索。它是根据字母本身代表的发音，以及不同字母组合产生的音，做有规律、有系统、有条理的整合，让初学英语的学生可以借助认识的字母以及字母所代表的音源，从最基本的音与音的结合开始，反复练习，以建立字母与发音的直觉音感。这种方法从语音入手，直接学习字母即字母组合在单词中的发音规则，让小学生按照字母的发音去认读单词、记忆单词。

学生在用自然拼读法学习语音过程中，一般经历三个阶段：

第一阶段：英语 26 个字母发音及发音规律的学习，建立字母与语音之间初步的对应感知；

第二阶段：字母组合发音规律的学习，建立字母组合与语音之间的对应关系，让小学生看到符合字母组合发音规律的单词就可以直接读出单词，学生也可以依照单词的读音，判断出该词的拼写，做到见词能读、听音会写。

第三阶段：基于以上两个阶段，利用多种手段让小学生熟练运用自然拼读法，巩固字母和字母组合的拼读规律，并运用拼读规律识记更多的单词，增加词汇量，提高自主学习能力。

例如，在研究如何教小学生辅音字母 B 的发音时，可以借助下面课例研究中的某一活动环节，研究学生学习辅音字母 B 发音的效果如何。

B b

Let's learn

bear, bed, ball, bird, bus, balloon.

Let's rap

baby bear, baby bear,

bounces a ball.

I say b-b-b. A big blue ball!

这个活动设计环节要求小学生学习辅音字母 B 是基于小学英语中出现的单词来训练，同时融入有意义的场景，借助有一定韵律的说唱来训练字母

B的发音，既容易读，又便于记忆。通过类似这种活动的设计，聚焦小学生语音学习的关键特征，研究他们学习一系列语音的成效，并进行有针对性的改进与完善。

2-2　基于“国际音标学习法”的小学英语语音课堂学习与课例研究

国际音标学习法就是借助国际音标来标注英语单词的发音，通过音标的拼读来学习英语单词拼读。国际音标主要是建立音标与单词之间的对应关系，通过识读音标来认读单词；通过48个音素及拼读方法来学习单词的拼读。在教师课堂教学中，教师要有意识帮助学生将音素与单词结合起来，通过跟读、听辨掌握48个音素的发音，然后借助音节拼读。在掌握拼读音标的方法后，小学生遇到不认识的新单词，就可以借助词典等工具书上的音标标注进行独立的拼读了。

具体来说，国际音标学习法要求做到：

(1)听音训练：学习国际音标，需要多听，通过反复听力训练，达到强化记忆；

(2)模仿练习：学习国际音标的发音要注意发音部位的变化，主动模仿发音，初学者可以对着镜子模仿练习，特别是元音发音的舌位高低、口型等；

(3)比较训练：一是音标本身发音特点的异同比较，分清特色，避免混淆；二是汉语发音与英语发音的比较，可以有效地认识到音素上的差异；

(4)多动口：动口是加强实践的关键和核心，听音、模仿、比较最终都要归结到自己发音这一目标上，所以勤动口是掌握国际音标发音的关键，在实践中比较，在实践中体会差别，就能做到熟能生巧。

在基于国际音标学习法的小学英语语音课堂学习与课例研究中，教师不能单纯、机械地带领学生操练，这样不仅不利于学生学习，也容易造成学生产生厌烦情绪。在具体的课例研究中，教师要在教学设计方面下功夫，将音标的发音融入具体有意义的课堂学习活动。这要求教师在进行小学英语语音课堂学习与课例研究过程中，发挥自己的智慧，创造性地利用国际音标学习法进行语音教学研究。

2-3 基于“字母—音素—音标”三位一体学习法的小学英语语音课堂学习与课例研究

“字母—音素—音标”三位一体法是国内学者[①]根据英语发音特点总结出来的一套比较行之有效的发音训练方法，比较符合中国学生学习英语发音的习惯。这种方法要求学生首先学会 26 个英语字母，在熟读字母的基础上引出音素，在学习拼读单词时引出音标，然后将音素和音标联系起来，把字母、音素、音标的学习有机结合起来，可以有效地解决发音和记忆单词的问题。

字母、音素、音标三位一体学习英语发音的方法注重字母、音素、音标之间的内在联系和三者的交叉关系，把学习 26 个字母作为学习音素的基础，把掌握音素作为学习音标的前提，简化了音标的教学过程。小学生在掌握字母和音素的对应关系之后，可以把单词的音、形、义结合在一起记忆，最后可以达到会读的单词会写，会写的单词会读，提高学习英语的语感，提高学习英语的积极性；同时，它也从认读能力训练入手，循序渐进地扩大词汇量，减轻机械记忆的负担。

例如在三位一体英语音素学习法中，有下面的一些原则：

(1)掐头学读音：[f]；[l]；[m]；[n]；[s]；[ks]

读以上辅音字母的名称音，将其第一个音去掉，余下的音即该字母在单词中的读音。

F [ef]　　去[e]余[f]　　five；for

---

① 马承、刘法水：《英语入门教程——字母、音素、音标三位一体教学法》，北京：科学普及出版社，1997 年。

L [el] 去[e]余[l] light; low

M [em] 去[e]余[m] Mum; mine

N [en] 去[e]余[n] nine; night

S [es] 去[e]余[s] six; see

X [eks] 去[e]余[ks] fox; box

(2) 去尾学读音:[b]; [s]; [d]; [j]; [k]; [p]; [t]; [v]; [z]

读以上辅音字母名称音,将其后面的音去掉,余下的音即该字母在单词中的读音。

B [biː] 去[iː]余[b] bee; buy

C [siː] 去[iː]余[s] cycle; ace

D [diː] 去[iː]余[d] dad; do

J [jeɪ] 去[eɪ]余[j] jet; job

K [keɪ] 去[eɪ]余[k] kite; bike

P[piː] 去[iː]余[p] pop; play

T [tiː] 去[iː]余[t] kite; foot

V [viː] 去[iː]余[v] drive; five

Z [ziː] 去[iː]余[z] zoo; zero

上面是“字母—音素—音标”三位一体学习法的一些基本原则,教师在小学英语语音课堂学习与课例研究中,可以采用这些原则进行课堂实践研究,在过程中优化小学英语语音教学。

3 课例研究

前面提到,课堂学习与课例研究是基于教师学习共同体的构建来提高和发展教师的专业教学能力,其本身有着较为严谨的程序和方法;研究过程强调所有参与教师的通力合作,在课堂教学实践研究中不断提升教师对教学和学生学习的认识,进而形成较为有效地解决具体问题的教学方法和策略。在研究过程中，课例研究是重要的环节，对课例的设计、分析、完善和效果监控是保证研究效果的核心步骤。具体课堂学习与课例研究的设计步骤读者可以参照第一章的分析，本节主要立足于课例本身的讨论，分析课例设计的特点与问题，为一线教师进一步开展具体的课堂学习研究提供发现问题、分析问题和解决问题的思路和方法。

课例展示

ai,ay 语音教学①

课例基本信息			
课题	ai, ay	年级	四
教材	人教版《英语》(四年级下册)		

（一）教学内容分析

本课选自人教版义务教育《英语》（四年级下册）第一单元 *My Neighborhood* 的 Let's Spell，是一个独立的语音板块，主要学习元音字母组合 ai，ay 在单词中的发音。

教材设计包含 A，B，C 和 D 四项任务活动，A 项任务活动是通过 6 个含有字母组合 ai 和 ay 的单词，让学生感知、学习它们在单词中的发音；B 项任务活动呈现学生没有学过的单词，让学生尝试运用所学规律拼读单词发音，训练学生的拼读能力；C 项任务活动是运用本课语音知识拼写单词，训练学生听音写词的能力；D 项任务活动是朗读含有本课目标语音的小韵文，帮助学生内化字母组合 ai，ay 的发音。

（二）学情分析

四年级的学生已具备初步的英语发音能力和一定的语音意识，应该能初步运用所学的一些发音知识拼读单词，但是正确率可能还有待提升，部分学生在听音写单词方面还存在一定困难。此外，大部分学生喜爱说唱英语歌曲、歌谣，但对语音、语调以及节奏的把握还存在一定困难。

根据对学生课前的访谈和对教学内容的分析，本课出现的单词难度

① 本课例设计改选自《海淀区义务教育学业标准与教学指导》(2015)。

不是很高，部分新单词教师可以采用TPR的方式帮助学生理解。四年级学生仍然比较活泼，乐于与同伴进行合作、交流、展示，他们更愿意接受直观、生动、形象的视觉和听觉输入。

（三）教学目标

1. 能够知道元音字母组合ai，ay在单词中的发音。

2. 能够根据发音规律拼读、拼写出含有字母组合ai，ay的单词。

3. 能够按照一定的韵律、节奏说唱D项任务活动的小韵文，体验语言的韵律美。

4. 能够尝试运用含有字母组合ai，ay的单词创编小韵文。

【评析】 教师在设计本节课时，应该对教材各板块涉及的语音内容有清楚的认识，能够把握语音教学内容各个活动的设计意图，这也是开展语音课堂学习与课例研究最基础的内容分析；同时，设计过程中还要充分考虑学生已有的语音知识积累，这些可以为合理的教学环节设计打下良好的基础，也能为同伴教师进行课堂观察提供必要的信息和关注点。

（四）教学过程

1. 字母引入，激活学生已有的语音知识积累。采用A项活动任务中的卡通图片，让学生认读单词中[æ]和[eɪ]的读音，重点回忆字母a在重读开音节单词中的读音，并列举单词，如：name, make, late, grade, face等。

引入本课语音学习内容：Today let's spell more words with the sound of [eɪ]。

2. 视听输入，学习新知识。

(1)观看音乐视频Rain, Rain, Go away。初步感知ai，ay的发音：

第一遍播放，学生整体欣赏歌曲；

第二遍播放，提示学生关注歌词。

观后：T: What words did you hear?

Ss: Rain, away, day, play…

T: We hear a same sound in these words. What is it?

Ss: [eɪ].

(2)听录音，拼读单词，总结规律。

- 学生自己浏览，试读A项中的单词；
- 教师播放录音并指单词，学生听、看，感受ai，ay的发音；
- 教师再次播放录音，学生边听边指单词，再次感受ai，ay的发音；

·第三遍播放录音，学生听录音，指单词并跟读、模仿，体验 ai，ay 的发音；

·教师出示单词卡片，学生朗读。教师借助于实物和肢体语言帮助学生理解生词 mail 和 say 的意义；

·引导学生总结 ai，ay 在单词中的发音规律，板书贴出 ai，ay 的字母组合卡。

【评析】 众所周知，在语音教学中，模仿是常用的基本方法。上面的活动方式也是以模仿为主要手段。但在课例研究中，一定要关注学生的课堂反馈，关注学生在语音模仿过程中学习有没有发生，而不是机械地跟读。课后，同伴教师要及时访谈学生，了解他们在这个活动中的学习感受，有没有达到教学设计的目的。一旦学生反馈较弱，缺乏教学设计期望学生对字母和音素之间关系初步的感知和对学生总结归纳能力的培养，在下一轮的教学改进中就必须修改其活动方式。

(3)学生观看视频并跟读(选自 *Phonics Kids*)。

视频语言材料：

a · i→ ai [eɪ]

ai[eɪ] · n[n]→ ain [eɪn]

r[r] · ain [eɪn]→ rain [reɪn]

p [p] · ain [eɪn]→ pain [peɪn]

m[m] · ain [eɪn]→ main [meɪn]

g[g] · ain [eɪn]→ gain [geɪn]

小韵文：In the rain, run fast in the rain. The train ran fast in the rain. Who will take the train in the rain?

a · y→ ay [eɪ]

st[st] · ay [eɪ]→ stay [steɪ]

m[m] · ay [eɪ]→ may [meɪ]

d [d] · ay [eɪ]→ day [deɪ]

小韵文：May, May, May. Stay, stay, stay. May will stay with Kay all day.

(4)同伴活动：学生利用字母台历，进行拼读练习。

【评析】 本活动设计是为了保证学生对目标语音有足够的输入，借用的主要是自然拼读法的相关方法，学生在动态的画面中通过看、听、跟读，不断接受[eɪ]音的强化，加深对这一语音知识的感知，帮助学生更好地理解含有字母组合 ai，ay 词汇的音、形、义；同时，在直观、清晰和极具韵律感的拼读过程中，学生体验并学习单词的拼读方法。这一活动的成效是教师在课堂学习和课例研究过程中关注的重点。

3. 读写训练，操练运用。

（1）学生尝试朗读B项任务活动单词，听录音纠正发音。

（2）单词归类，总结规律。

· 教师补充更多含有字母组合ai和ay的单词，如：tail, bait, laid, wait, nail, gray, pay, jay, play, subway等，让学生拼读；

· 请部分学生将这些单词卡片按ai，ay分类贴到黑板上，并大声领读；若归类正确，领读正确，全班跟读；

· 教师引导学生观察ai，ay在单词中的位置，发现并概括其规律，即"Ai" is usually used in the middle of words, and "ay" is often used at the end of words.

（3）听音拼写。

· 学生听录音两遍，填写句子中所缺单词；

· 教师提示学生：You can find the missing words in Part A. 学生听第三遍录音，自己核对答案；

· 教师选出一位学生答案，全班检查并读出语句；教师借助于练习中的图片提示学生语句含义，并关注单词May要首字母大写。

【评析】 本活动设计旨在锻炼学生的思维能力和简单的实践应用能力。在指导学生进行归纳总结时，教师寄希望能帮助学生对ai，ay字母组合音进行感知与内化，并结合具体词汇，强化学生对它们规律的认识。但是教师在课堂教学实践中，如果师生互动把握不到位，课堂教学指示语不明确，容易导致这一活动成为简单的知识讲解。因此，同伴教师在课堂观察过程中，必须时刻注意设计背后的思路有没有在实践中得到很好的实施，或者实施过程中可能存在哪些微观细节方面的操作性难点。

4. 说唱韵文，巩固新知识。

（1）学唱D项任务活动中的小韵文。

· 学生试读韵文；

· 学生听录音；

· 学生听录音并跟唱；

· 学生在观看课件上的有关今日图片，理解Holiday, it's time for fun的含义；

· 教师引导学生根据节拍器的不同节奏说唱韵文；

· 学生创编动作进行表演。

(2)改编D项任务活动中的小韵文。

·教师呈现范文,如:

Rain, rain, go away.
Today, today is Friday.
Rain, rain, go away.
It's time for school.
I want to take the subway.

·学生两人一组,尝试改编韵文;

·学生展示改编后的韵文。

(3)读一读语音绘本故事 *Wait! Wait! Wait!*,圈一圈故事中含有ai,ay的单词,组内朗读分享。

【评析】 本活动是对本课新知识的巩固及应用,其设计思路是在有意义的活动创设下进一步强化学生对ai,ay字母组合音的内化,让显性的陈述性知识逐步转化为隐性的程序性知识;同时,这些有趣、活泼的活动设计比较符合小学生学习的认知特点。但是这些设计的步骤能否在教学实践中取得很好的效果,这是课例研究中必须关注的焦点,特别是学生的反馈和参与度,这是课堂中直接可观察的学生行为表现,再结合课后的学生访谈,可以从不同维度来评估教学设计与学生学习成效的关系。

5.课堂小结,布置作业。

(1)引导学生借助板书或PPT回顾所学内容。

(2)作业:趣味迷宫与巧写单词。

课例透析

语言有三个主要构成:语音、词汇和语法。语音是最基本的要素,是学好英语的基础。自然规范的语音、语调可以为有效的口语交际打下良好的基础。小学英语语音教学通常重视学生机械的模仿、操练和朗读,缺乏学习的乐趣,也不注重学生的认知特点,不注意学生学习的变易性。本课的设计旨在帮助学生有效掌握字母组合的发音及其拼读规律,通过大量不同形式的语音输入,发展学生的思维能力,形成一定的英语语音学习策略;同时,设计还充分考虑学生的学习规律,通过激活学生已有知识,在丰富有趣的活动中逐步整合新知识。

目前在小学语音教学方面，强调的理念是：语音教学应注重语义与语境相结合，不能一味地追求单音的准确性，而要将枯燥的语音学习融入有意义的阅读或朗读活动，让学生通过大量的实践形成良好的语感。本课例在设计时在这方面做了很好的尝试，但最终的成效如何，从课堂学习与课例研究的角度来说，必须要对课堂教学的很多微环节进行细致、科学的观察研究，只有这样才能发现新方法的最大优势和可能存在的问题并加以完善，进而形成有效的针对语音教学的策略，最终才能不断促进教师专业教学能力的发展和学生学习的发生。

第3部分

小学英语词汇课堂学习与课例研究

3

1 小学英语词汇学习标准要求

1-1 《义务教育英语课程标准》(2011)对小学英语词汇学习的描述

在培养小学生听、说、读、写能力及发展和激发学生对英语学习的兴趣时,要求学生必须在学习过程中掌握一定量的词汇。英国著名语言学家Wilkins曾经说过:没有语法,人们不能表达很多东西;没有词汇,人们则无法表达任何东西。因此,词汇学习是小学学段英语学习中一个重要的环节。《课标》(2011)明确规定小学阶段应该熟悉600~700个单词、50个左右习惯用语,初步会运用400个左右单词。这些词汇具有较强的实用性,例如,小学阶段学习的主干词汇是名词、动词、形容词和副词,这些词汇对于初学者来说,是最能够实现英语语言表达的词汇;这些词汇与生活体验紧密结合,表征的内容直观明了,符合小学生词汇学习的认知深度。

级别	知识	内容描述	解析
二级	词汇	1. 知道单词是由字母构成的。 2. 知道要根据单词的音、义、形来学习词汇。 3. 学习有关本级话题范围内的600～700个单词和50个左右的习惯用语，并能初步运用400个左右的单词表达二级规定的相应话题。	采用多种词汇教学方式，帮助学生在语境中学习词汇。注意复现，避免机械的拼写训练，避免人为增加学生学习词汇的心理负担。

从词汇学习角度来说，想达到有效的学习，必须了解词汇学习的本质。词汇学习不只是学习单词的音、形、义，更主要的是学会在听、说、读、写中对所学的单词加以应用。就学校环境而言，词汇学习是指学生在正式的课堂学习中有意识地学习词汇知识的过程，包括词汇读音、拼写、语义和语用等知识，其过程多为显性的、正式的、有指导的学习活动；同时，词汇学习是一个长期积累、不断运用的过程，又因为词义的多样性、复杂性，无形之中给词汇的学习增加了难度。

在《课标》描述的基础上，一线英语教师研究如何结合学生学习特点、认知特点和学习能力来设计有效的词汇教学方法尤为重要。词汇教学通常都不是孤立地来呈现的，基于语境和内容的有意义的交际活动而设计的词汇学习是目前教学设计中必须考虑的重点。

1-2　小学英语词汇学习的学业标准描述

在《课标》中，只规定了二级词汇学习应该达到的目标，而对各个年级没有细化词汇学习的具体学业标准。因此，基于《课标》，详细分析教材内容涉及的各个话题，具体化学生在各个年级必须要掌握的词汇，制定一个详细的学业标准很有必要。在小学英语课堂学习和课例研究中，教师可以结合具体所采用的教材，从宏观的角度先系统性分析教材的内容，确定每个年级阶段所涉及的话题和必要词汇，然后再制定细化的词汇学业标准要求。这些细化学业标准可以成为课堂教学设计重要的参照。因此，一线教师或地方教研人员在《课标》的要求描述下，可以深入分析小学英语教材体系，设计相应的语音、词汇、语法等学业标准要求；课堂学习和课例研究中，参与实践共同体的成员教师也可以基于学校教学现状，在《课标》指导下，对教材进行分析整合，制定相应的各个年级学业标准要求，这样可以更有效地指导具体的课例研究，提高教师教学和学生学习的成效。例如，北京海淀区结合区域的英语教育现状，制定了具体的学业标准要求，涉及的部分词汇学业标准描述可以参照如下：

话题	学业标准描述	词汇与功能
School	·能进行简单的问候和告别 ·能介绍个人姓名 ·能表达自己拥有某种学习用具	Good morning! Goodbye! I'm Miss Wu. My name is Bill. I have a pencil.
Parts of body	能介绍自己的五官	This is my nose.
Animals	能谈论动物的名称	It's a dog.
Color	能谈论物品的颜色	It's red.
Fruit	能谈论个人喜好的水果	Do you like pears?
Toys	能征求他人意见	Can I have a car?
Food	能表达自己的意愿	I'm hungry. I want noodles.

以上是部分的北京海淀区结合区域小学英语教学与学习现状制定的具有自身特点的学业标准描述，这对于其他地方的小学英语教学创新与改革有很大的启示，也有利于课堂学习和课例研究过程的学习和尝试，将《课标》、教材、学生需求、大纲等有机整合起来，探究有效的课堂词汇教学方法和策略。

1-3 小学英语课堂学习与课例研究中的词汇教学研究

小学英语词汇学习一直是学生学习的一个难点，因为学生还没有充分掌握英语的发音规律、字母组合规律，学习词汇就更加困难。根据笔者接触的很多小学英语教师的反馈，初学英语的小学生基本上是依靠死记硬背。很显然，这种方法基本上是费时费力，效果也不是很明显，特别是进入小学高年级，学习的单词增多，机械的记忆就更加困难，还常会引发学生学习词汇的厌烦心理。这些问题恰好是课堂学习与课例研究旨在解决的普遍性问题。

2　小学英语词汇学习关键问题及教学方法指导

由于英语学习缺少运用的环境，所以许多学生学习英语词汇的主动性不强，多习惯于在课堂上被动学习，对老师和教材的依赖性很强。从这个意义上说，课堂是学生学习的关键环境，教师不同的英语词汇教学方法和策略会深刻影响学生对词汇的习得，下面介绍一些基本的小学英语常用词汇教学策略，可以为课例研究设计提供一些可以借鉴的方法。

2-1　基于“直观教学法”的小学英语词汇课堂学习与课例研究

这种方法是最常见的词汇教学方法和学习方法，即利用图片、实物、多媒体等一系列辅助教具以及手势、动作和表情开展词汇教学和学习，它也是目前大多数小学英语教材呈现词汇的最基本方法。由于小学生的认知特点以形象思维为主，这种方法不仅可以借助生动活泼的直观体验让学生深刻理解单词的意义，而且能强化学生对单词的记忆。

【活动设计实例】“直观教学法”词汇学习

【评析】这个方法是教师课堂教学最常见的方法，也是小学生所能接触到的针对小学生的各种英语教材常用的呈现词汇的方法。它的优点是将词汇的音、形、义结合起来，通过直观、形象的图片，小学生很容易记住所学单词所表达的意思。但缺点是将单词孤立起来，缺乏与词汇语用的关联，即使学生知道了这些单词，也并不说明他们学会了这些单词，最重要的词汇的用法在句子中没有体现出来。结果是学生只学会了一些单词的孤立形式，不利于培养学生语言的运用能力，这些在课例研究设计中必须注意。

2-2 基于“游戏学习法”的小学英语词汇课堂学习与课例研究

这种方法也是教学实践中教师常用的方法，也是《课标》提倡的小学英语教学方法，它比较符合小学生的年龄特点和活泼好动的特性。学习词汇的游戏种类多种多样，例如最常见的是“猜词游戏”（guessing game）“全身反应法”（TPR）“缺字游戏”（what is missing）等。一般来说，采用这种方法要注意游戏的趣味性、生活性、可操作性和合作性。有效的游戏教学和学习能集中小学生注意力、指向目标、得到反馈、产生掌握和控制事物的体验。

【活动设计实例】 “游戏学习法”词汇学习

Move and Make Words

In this cooperative game, children match new words.

Move and Make Words Word Card Sets

f	ish
b	ug
tr	uck
sk	unk
b	ack
p	ail
c	ake
f	an
b	ank
b	at
b	ell
b	est
n	ice
p	ick
n	ide
p	in
m	ine
r	ing
p	ink
cl	ock
j	oke
p	op
d	uck

【评析】 这种词汇学习方法可参与的学生多，比较适合大班词汇教学和学习。首先，教师要选择好单词，再将单词按照小学生容易理解的字母或音

素先分割好，制作纸板。在过程中，通过教师指导、学生合作的形式，在游戏中强化学生对单词形式的理解与记忆，这种方法在课例研究过程中可以充分利用起来。

1-3 基于“歌曲—诗歌学习法”的小学英语词汇课堂学习与课例研究

英语歌曲—诗歌学习法也是小学英语教师常用的教学方法，通过押韵的单词组合成具有情境、意义的歌曲或诗歌，读起来朗朗上口，便于小学生大声朗诵，有利于对词汇的记忆。《课标》的分级目标中也明确要求小学生“能唱简单的英文歌曲，说简单的英文歌谣(一级)”“能在教师的帮助下表演小故事或小短剧，演唱简单的英语歌曲和歌谣(二级)”。如果教师能在教学中根据教学内容、学生的认知水平以及兴趣爱好，选取或创作合适的、押韵的歌曲或诗歌来帮助学生学习或巩固所学单词，学生就能比较轻松地记住这些单词。

【活动设计实例】 “歌曲—诗歌学习法”词汇学习

学数学单词

Shapes, shapes.
Let's draw shapes.
Square, circle,
triangle and
rectangle.
Are you ready?
Go! Go! Go!

数字歌

Point up, point down, show me one;
Stand up, sit down, show me two;
Clap your hands and stamp your feet,
show me three;
Listen to me, listen to her, show me
four;
Write A, write B, show me five.

【评析】 在教授和数学知识有关的英文单词(数字、图形等)时，教师设计了简短又容易记忆的英文小歌谣和歌曲，将所学的新单词融入进去，一方面容易朗读，快速上口，另一方面结合 TPR 动作，可以营造轻松活泼的课堂气氛，提高小学生学习新单词的兴趣，强化对词的拼读认知。

2-4　基于"故事学单词"的小学英语词汇课堂学习与课例研究

故事学单词是现代小学英语教学比较提倡的方法，它符合英语学习情境性、交际性、意义性和互动性的要求。故事一方面生动有趣，容易激发小学生探究的好奇心；另一方面，词汇的学习融入语境，使小学生既学会了词汇的拼读、语义，也学会了词汇的语用。再配合故事图片或视频，更能强化小学生对词汇意义与使用的感知，非常有利于他们英语语感的培养，在恰当的引导下，也可以培养小学生课外阅读英文小故事的爱好。

【活动设计实例】 "故事学单词"词汇学习

Six Kids Jog 六个小伙伴去漫步

"It's a good day for a jog," says Tess,
"I'll call up my pals and see if they can go for a jog."
So Tess calls up her pals, Peg and Bud.
Then she gives Liz a buzz.
Next, she calls Min and Bill to see if they can come.
"What fun!" they all tell Tess. "We're sick of TV!"
So one by one, they come on the run!

The pals get all set to go.
They tuck hats and sun tan stuff in sacks,
and zip up the six back packs.
Tess packs ham on buns for all to eat.
Bill lugs a jug of pop with fizz.
He gives the cups to Liz.
It's a hot day to be in the sun.
But the kids can tell it will be fun!
…

【评析】 这个案例从故事入手，结合小学生的生活体验，将他们所学的单词融入故事。学生在阅读这几个小朋友外出玩耍的故事中，将自己已有的生活经历充分激活起来，不自觉地就沉浸到故事情节中，单词学习也变成了"附带学习(incidental learning)"，在故事中逐渐习得词汇的音、形、义，而不是"刻意学习(intentional learning)",这也是二语习得研究领域比较倡导的词汇学习理念。课例研究中的创新性设计可以有效地利用这种方法。

3　课例研究

词汇是英语学习的重要要素,开展基于课堂的学习和课例研究可以充分利用课堂上的学习环境,发现问题、解决问题,通过教师协力合作,经过几轮的科学性、系统性研究,寻求较为有效的,适合学生的词汇教学策略。下面基于小学英语词汇教学的课例,分析设计的思路和可能存在的值得深入研究的问题,为教师开展课堂学习与课例研究提供一些指导。

课例展示

四年级 How Much is It? A. Let's Learn 课例与评析

课例基本信息			
课题	Unit 5　How much is it? A. Let's learn	年级	四
教材	PEP 小学英语四年级下册		

(一)设计思路

学生知识的获得不单纯依靠教,更需要老师的循循善诱;学生学习能力的培养不仅仅靠机械的操练,更主要依靠学习策略的指导和主动学习意识的培养。具有良好的学习习惯和主观能动意识是高效学习的必备条件,更有益于学生的终身学习。本课以听懂会说本课四个用来评价服装的单词、会唱读本课 chant 为知识目标,以培养学生的学习习惯、学习方法及主动学习意识为技能目标。以此为依据,本课设计思路如下:

以"每课口语秀"作为热身,营造课堂气氛,提高学生口语水平;由复习数字自然过渡到说服装价格,由易到难;

以单词 cool 引出 pretty,以 colour 引出 colourful,以旧促新;以比较的方式教单词 cheap 和 expensive,本着多输入、易输出,先输入听、后输出说的原则,以观看大量课件,多种情景模拟,大量输入句型及新词汇的听,目标分解,步骤设计层层递进、相辅相成。以活动为载体,使机械操练和有意义的情景练习相结合,在情境中启发学生自然说出目标语句;如,expensive, how much is it? 及巩固练习中的综合运用等;

对于 chant 这一重点，采取分解与整体教学相结合，目标分解，变难为易，帮助学生综合掌握 chant 的词汇知识。开展小组竞赛活动，以 pair work 为主，进行合作探究式学习，巩固拓展词汇运用。词汇和句型教学采取升降调带读、高低音练读、“小老师”带读、小组“开火车”式多种练习方式进行词汇学习方法和学习策略的指导，培养学生的学习习惯和学习能力。全课以“挑战 800”活动为主要评价学生表现的方式，激发学生的学习兴趣，培养竞争意识。

（二）教学分析

内容分析：本册教材第三单元已经学习了有关服装名称、颜色、大小等词汇，本课是在此基础上为了进一步评价和表达有关服装的价格、款式等方面的词汇应用知识，是一种词汇学习的递进设计。100 以内的数字学生已经基本会说，说出价格应该不难。但是由于三（下）、四（上）教材中已经学习过 how many，所以与本课 how much 的理解容易混淆。

学情分析：经过近两年的学习，学生对英语已经有了一定的了解，并掌握了一些日常对话用语和一定量的词汇，具有一定的语感、语音、语调和书写基础，培养了一定的学习习惯，具备了基本的听、说、读、写英语的能力。但由于我校属城乡结合部，多种客观因素导致学生的学习习惯不好，主动学习意识不强，学习自信心不足，考虑到“兴趣是最好的老师”，“态度决定一切”，以及大部分学生对英语游戏活动有着浓厚的兴趣，教学过程中需注重帮助学生保持学习兴趣，培养小组合作精神和竞争意识以及养成良好的学习习惯，从而才能帮助此类学生学习获得高效、提升学习信心。

（三）教学目标

1. 能力目标：

（1）能够询问和说出衣服的价格。

（2）初步培养根据音节读单词的能力。

（3）能够跟同伴一起合作探究，共同完成任务。

2. 知识目标：

（1）在第三单元关于服装词汇积累的基础上，本节课进一步强化对服装词汇的理解与应用。

（2）能根据课件和服装实物运用句型 It's cheap。评价衣服的颜色、款式及价格。

3. 情感、策略、文化等有关目标：

（1）情感态度：通过本单元的学习使学生进一步懂得致谢，培养正确的审美观，通过游戏引导学生开心快乐地学英语。

(2)学习策略：引导学生在学习过程中注重合作式学习、自主式学习，利用设计的 pair work，group work 等活动，培养学生合作学习的意识和竞争意识，培养良好的学习习惯。

【评析】 本节课例设计中，词汇教学及其运用是重要的目标。教师在教学设计中充分考虑了学生的学情，分析了教材内容的学习目标，这些也是课例研究过程中进行教学设计的关键。其次，词汇教学考虑到语境中的词汇习得。这些设计思路如何在教学活动中体现出来，关键在于教师。

(四)教学过程

1. 热身。

“口语秀”活动：

(1)请值日学生报天气预报，或朗诵上一课的课文(2位值日生)。

(2)随机请几组学生与教师进行师生对话。

例：T：What's the weather like today? / Can you wear your jacket? …

(设计意图：培养学生每日说英语的习惯和增强说英语的自信心，并鼓励其敢于展示；营造语言氛围，谈论服装为本课教学作铺垫。)

2. 复习与导入(把全班学生按纵排分成4组，准备好4张颜色的卡片，让每组一个学生闭眼抽取一张，卡片颜色为该组组名。如 Red/Blue/Yellow/Pink 组。把这4组组名以卡片形式贴在黑板上方，记录和评价活动中各组的表现，看哪组得分先达到800分为 winners，以“挑战800”比赛活动贯穿整堂课)。

(1)利用数字卡片复习10～100的数字，如20,32,40,61,72,99,100等。

教师每举起一张卡片，学生抢答说数字。最快组得50分。

(2)指上衣事先贴好的价格标签(￥60)问学生：

T：Look at my T-shirt. How much is it?

Ss：60 *yuan*.

教师再掀开上衣角，露出裤腰上事先贴好的价格标签(￥99)，如上进行师生问答 How much is it? 引出本课话题 Unit 5 How much is it?

【评析】 本节课导入部分考虑到了学生学习兴趣的激活，从日常的生活事件逐步引入课文新内容。在课堂学习与课例研究中，如何设计有效的导入至关重要，一般要求导入环节紧扣新课内容，多以生动、有趣的活动激发学生探究的兴趣；同时，导入时间不宜过长、过难，以容易理解为前提,能和新内容的呈现有机结合起来。

3. 新课呈现。

(1)Let's learn (New words)

T：I wear a red T-shirt with blue pants. Am I cool today?

Ss：Yes!

T：Thank you!

T：Please look at this dress. Is it cool?(指向一穿连衣裙的女生,问全班学生)

T：It's pretty. Do you know pretty? Pretty means beautiful or nice.(转向刚才的女生)Hi, little girl. What's your name,please?

S_1：I'm Liu Li.

T：I think Liu Li is a very pretty girl.

(设计意图:由 cool 自然引出 pretty,并以旧引新、举例说明,辅助学生理解)

(2)利用单词卡片教学 pretty。方法:升降调带读,高低音练读,小组"开火车"式反馈读。评价本小组的表现。

T：I have a friend. She likes making clothes for children. She is a dressmaker.(借助动作帮助学生明白其意)Here are some pretty and cool clothes made of her. Let's have a look.

(设计意图:兼顾男女孩喜好的不同,提供多种好看的男女童装图片,激发学生观看课件、评价服装的欲望。)

学生欣赏完这些好看的服装后,

T：Do you like them?

T：What's that? / Is it pretty? / What colour is it?

Ss：Yes. It's pretty / red / yellow / green / blue…

T：Yes, many colours, so it's colourful.

(设计意图:由机械操练 pretty 过渡到有意义的情景练习。由 colour 引出 colourful,以旧引新。)

随后先后显示一件彩色的裙子和衬衫(课件),直接问,引导生答:

T：What colour is it?

Ss：It's colourful.

利用单词卡片教学 colourful。方法:升降调、分解、合成式带读。

(3)再指刚才出示的课件(标有价格的女童短裙)问。

T：How pretty! How much is this skirt?

Ss：It's 20 *yuan*.（引导生回答）

T：20 *yuan*. Wow，it's cheap.

再显示一件男童衬衫(课件)：

T：Wow,how cool! How much is this shirt?

Ss：It's 10 *yuan*.（引导学生回答）

T：10 *yuan*，Wow，it's very cheap. I want it.

（设计意图：服装标有价格能帮助学生理解并准确回答问句，用较低的价格帮助学生感知便宜一词。）

利用单词卡片教学cheap。方法："小老师"带读；小组"开火车"式反馈读。评价本小组的表现。

(4)新词应用。

教师指着自己的T恤和裤子

T：My T-shirt is cheap，too. But my pants are not cheap.（摇头并盖住裤子的标价问）Do you remember the price?

Ss：99 *yuan*.

T：Good. My pants took me much money! They are expensive!（用夸张的语调和手势表达其意）

（设计意图：通过对教师穿的两件衣服价格的直观比较，让学生感知昂贵，用夸张的语调和手势帮助学生准确理解expensive的意思。）

显示课件(一件有标价的漂亮的连衣裙)问：

T：What is it? /Is it pretty? How much is this pretty dress?

Ss：Great! It's 100 *yuan*.

T：Yeah! It's expensive，too.

（设计意图：比刚才多一元，让学生进一步感知expensive的意思。）

用课件和单词卡片教学expensive。练习方法：指认带读，把expensive用卡片形式分解成ex，pen，sive三个音节打乱贴在黑板上，让学生按正确的顺序拼好，并读出来。注意纠正浊化音。

【评析】 新知识的呈现要能紧密结合教学目标和教学内容，不宜采用过多简单的机械导入与重复，多结合学生生活实际，以语境中的交际为活动设计导向，多提供学生"可理解性输入"。本环节活动任务设计比较丰富，既能凸显新词汇，让学生在语境中学习词汇的应用，也能让学生关注新词汇的语音与拼写规律，但是这种常规性的活动设计在具体课堂中的效果如何却需要进一步地跟踪观察，这也体现了课例研究中重点要关注课堂教学成效的问题。

4. 词汇整体操练。

(1)看课本或看课本 Let's learn 图画(课件),听音、跟读;教师用红外线灯一一指着四件裙子,带领学生模仿课本对话:

S_1: Look at that dress. It's pretty.

S_2: Yes, it is.

(2)看单词卡片的前两个字母读出整个单词,并印证。如:pr—pretty, co—colourful, ch—cheap…

(3)给出一个商品的中间价 50 元,然后教师以举价格牌的方式,让学生快速说出贵或便宜。如:¥48—cheap, ¥86—expensive,小组 PK。

(设计意图:通过听、读、看、模仿问答、抢答等多种方式的练习巩固本课新词汇。)

(4)Let's chant:

· 课件显示一件连衣裙,显示句型 How much is it? 教师板书在黑板上,带读句型并引导学生猜价格(男女生看谁先猜对,猜对的小组得 50 分)。

(设计意图:板书句型,分层次要求学生从听懂过渡到会说。)

· 再显示一件衣服课件 12,请"小老师"问价格,猜价格贵或便宜。用 too cheap 和 too expensive 来提示学生猜。(顺便介绍美元或英镑等世界主要货币。)

(设计意图:设计 100 美元让学生猜,是想让学生多问几次 How much is it? 以达到巩固的目的。同时也帮助学生大略了解美元、英镑等世界主要货币。)

· 把本课 chant 部分内容分解成一问一答,利用服装课件进行师生问答,或生生问答。如,出示课件,

T: How much is that colourful dress?

Ss: Very expensive! It's 200 *yuan*.

——呈现本课 chant 的内容,帮助学生理解并会说。

(设计意图:目标分解,使本课 chant 化难为易,同时使学生在单个的问答情境下理解并掌握句子)

· 整体活动教学:

整体呈现 chant 的内容(课件 20),先听一遍,然后跟唱。小组两个学生一问一答练习唱读这个 chant,随后展示表演,小组 PK。

(设计意图:让学生巩固所学知识,评价学生综合运用语言的能力,展示并反馈学习效果,小组 PK,激励学生认真达成学习目标。)

【评析】 这一环节设计从单纯的词汇呈现过渡到词汇整体应用。为了提高学生的参与度，教师在设计过程中考虑到了学生的学情，先从可理解性角度出发，让学生对 chant 内容进行显性的理解，再从整体的角度感受 chant 中词汇的应用。这种设计关键是如何评估教学效果。

5. 巩固拓展。

(1)学生拿出课前画好并标有价格的服装图片，教师先和一位学生作示范对话表演：

T：How much is this colourful shirt?

Ss：Very expensive! It's… *yuan*.

T：I want it.

同位两学生各自拿出课前画好的衣服小卡片，进行猜价格等对话练习。

(设计意图：学以致用，模拟情景对话。)

(2)各组派代表上台进行对话表演展示。

如：S_1：How much is this pretty dress?

—S_2：Very cheap. Guess!

S_1：It's 60 *yuan*.

—S_2：No. Guess again! / Yes. I want it. (作出买这张卡片状)对各小组学生的表现作综合评价。

(3)呈现课件：讲明把学生自制服装图片分类的活动规则，并在黑板上画有类似的分类图。请学生一一上台，展示自己画的服装图片，贴在黑板分类框里，并指着图片说：Look at this… It's cheap/… 等大家贴好自己的作品后，让他们以鼓掌的方式表扬自己今天的表现。

(设计意图：学习效果汇报展示，学习反馈促进反思；合作展示有舞台，自我评价涨自信。)

(4)小结并依据得分总体评价各组的表现，表扬学生，鼓励他们继续培养良好的学习习惯。

【评析】 在巩固拓展环节，一般要对本课所学的新内容进行有针对性的拓展性应用，多以情境中的语言应用为主，紧密联系学生生活实践，激活学生已有知识，促进学生创造性能力和思维能力的发展。从这个角度说，本环节并没有完全发挥其设计的作用，设计的方式还比较单一，没有和前面的活动设计在认知层次上区分开来，因此，在训练语言知识的拓展性方面不足。在课例研究中，必须充分考虑这些活动设计与前面各个环节之间的逻辑关系，以及拓展活动本身应该具备的特征，尽量避免出现任务设计单一、重复、认知层次不高等问题。

6. 课后作业

听本课录音,读给家长或同学听,在下节课"口语秀"中展示。

课例透析

词汇教学是英语教学中的关键环节,也是培养和训练学生其他语言能力的基础;一旦学生掌握的词汇比较少,对词汇的理解比较单一,势必会对进一步学习语言,培养语言综合运用能力形成较大的障碍。一般认为,目前词汇教学应该立足生活真实语境呈现词汇,在语境中训练和应用词汇,设计探究式活动和任务培养学生词汇应用能力;同时,在教学设计中,必须充分考虑学生的认知层次,采用灵活多样的手段激发学生的参与意识。就小学英语词汇教学来说,拥有学习兴趣是学生进一步学习词汇的关键,这就要求教师的教学设计必须多采用生动活泼、小学生感兴趣的活动,例如,游戏、动中学、做中学、拼中学等。

总体来说,本节课的词汇教学设计基本上能抓住小学生的认知特点,活动方式较为活泼,与学生的生活实际紧密相关。这些都有利于提供给学生可理解性语言输入,这也是课堂学习与课例研究在教案设计过程中要遵循的重要原则。但课例的任务活动设计多样性不足,很多活动形式较为单一、重复,不利于提高学生在不同语境下的词汇应用能力。虽然学生参与性的活动较多,但活动的深度不足,即发展学生自由创造性和思维性的活动较少,因而,很多活动设计认知层次较浅。以课例研究来说,这样的设计还需要进一步深化,才具有进一步的研究价值。

第4部分

小学英语语法课堂学习与课例研究

4

1 小学英语语法学习标准要求

1-1 《义务教育英语课程标准》(2011)对小学英语语法学习的描述

小学的英语语法是英语教学和学习中一个不可或缺的知识点，其教学和学习效果的好坏直接影响着学生语言能力的获得和发展。当然，人们对语法教学与学习的认识也经历着不断变化的过程。过去，受结构主义语言观和行为主义学习观的影响，语法学习作用被夸大，导致英语学习就只是学习语法和词汇，忽视了语言的语用性。现在，人们一般认为，语法学习，绝不是学习“几十条或更多的语法规则，重要的是学生必须能在实践中熟练地掌握语法规则并加以运用”[①]，是学生听、说、读、写等语言实践活动的基础。

语法学习应该学什么，不同阶段都有不同的要求，我国小学学段语法学习的内容在《课标》中有明确的要求。许多人认为小学阶段即使不学习语法

① 李观仪:《在培养语言能力的基础上培养交际能力》，载《外语界》，1999 年第 4 期。

也没有关系，以后进入初中仍然会重新学习。其实这种观点是不对的。从《课标》的总体设计来看，从小学到初中、高中每个学段都设定了相应层次的语法级别要求，共 9 级，它们彼此是贯穿一体、层层递进的，对小学学段级别的忽视，必定构建不了语法学习的基点，对以后的初中、高中学习会造成一定的负面影响。

级别	知识	内容描述	解析
二级	语法	1. 在具体语境中理解以下语法项目的意义和用法： · 名词的单复数形式和名词所有格； · 人称代词和形容词性物主代词； · 一般现在时、现在进行时、一般过去时和一般将来时； · 表示时间、地点和位置的常用介词； · 简单句的基本形式。 2. 在实际运用中体会以上语法项目的表意功能。	强调语法学习不能脱离语境，帮助学生在语境中理解语法项目的表意功能，并在语言交际活动中体会和实践，避免讲解式、机械背诵式的语法教学。

语法作为一个规则系统，需要一定的元语言思维方式。由于小学生的心理特点、认知特点和已有知识的储备不足，对规则系统的理解存在一定困难，因此，语法学习向来是小学生学习的难点。小学英语语法学习的内容主要涵盖意义、用法、实践应用和表意功能，因此，学习过程中学生要注意的是语言的内容而非形式，教师的教学也首要关注语法的意义功能，从语言使用角度入手提供语言输入材料，培养学生对语法使用的感知，继而尝试运用语言。简言之，“少学规则，多学使用”。

在目前的小学英语教学实践中，两种常见的语法教学观必须得到纠正。一是跟不上语言教学发展的变化，过度强调语法学习。部分教师英语缺乏学科专业学习的训练，教学方法主要是模仿自己以前的中小学老师，加之自身英语的学习在很大程度上依赖语法学习的经历，这种认知观认为英语学习就是语法学习，因而教学也是以语法讲解与训练为主。还有一部分教师受当今以考试为导向的教学观念的影响，认为考试涉及很多语法，那么教学就是教语法。这些看法都没有充分理解语法教学和学习的本质，更没有理解《课标》对语法学习基本理念的要求。而且，这些看法似乎较为普遍，对基础英语教学和学习实践影响较大。

二是过度忽视语法教学。基础教育课改后强调的培养学生语言交际能力，一些教师过度解读为英语教学的目的就是帮助学生获得良好的口语交际能力，因此，课堂大量时间训练口语，将语法放在次要位置，甚至不涉及任何语法教学，导致的结果是学生后来的写作能力发展受到很大限制，其他语言能力发展也受到一定影响。这是一种片面和狭隘的语法教学观。

1-2　小学英语语法学习的学业标准描述

学业标准通常是对《课标》的具体细化与落实，是对学生在不同学段所应学的内容（学什么）和学到什么程度进行描述，涵盖了学习内容标准和学生表现标准，它明确地告诉教师，学生在经过一定时间的学习之后应该知道什么和能够做什么。学业标准是从学生健康发展和成长的角度制定的，因此，设计学业标准首先要研究学生。学业标准有助于使教师的教育教学更顺应学生的成长规律，满足学生的学习需求，指导学生在学习过程中科学、健康地达到标准，切实减轻学生的学业负担。学业标准是对课程标准内涵进行解读、丰富和细化，使之具有区域本土特色，贴合实际教学情况，从而能真正地服务于学校、学生、教学，使教师教得明白，学生学得明白。同时，学业标准也对教师日常教学实践具有指导作用，也为评价小学生的英语学业水平提供了可借鉴和参考的标准，促进了小学英语质量监控评价体系及教学反馈系统的进一步完善。从这个意义上说，设计学业标准也是和课堂学习与课例研究紧密相关的。

从小学英语语法教学层面来说，具体化语法项目的学业标准非常必要，一线教师必须非常清楚整个小学英语语法教学的体系，各个语法项目在教材中呈现的逻辑顺序，与话题呈现之间的表意关系，语法学习的认知深度等，这些可以有效地指导教学和课堂活动设计，也可以帮助教师把握小学英语语法教学的层次。下面是根据《课标》要求设计的语法学业标准描述样例(5 年级)。

话题	学业标准描述	语法表意功能
Personal information	·能够向他人介绍自己的姓名、年龄、性别、所在班级等个人基本信息	What's your name? My name is… Which class are you in?
Entertainment	·能够谈论准备的娱乐活动 ·能够表达对某种娱乐活动的喜爱	What are going to do after class? I love to… Can I play with you?
Rooms at home	·能够介绍某人在某地做事 ·能够介绍房间的名称	Where is your book? What is she doing? There is… / There are…

1-3 小学英语课堂学习与课例研究中的语法教学研究

语法教学一直是小学英语教学中的重要问题,一方面,一些人主张小学学段不必教语法,语法教学会损害小学生学习英语的兴趣,小学英语教学应该更多关注听和说;另一方面,一些人主张语法学习是语言学习重要的构成要素之一,不能忽视,但在具体如何实施语法教学方面,各人观点不一,这也给一线英语教师带来了很大的困惑。因此,从课堂学习和课例研究的角度来说,研究小学英语课堂语法教学的方法和策略很有实际意义,有助于教师结合自身教学实践、学生学习现状、课堂教学实际来科学、系统地进行语法教学方法的探索,不仅能不断丰富参与教师的语法教学实践性知识,更能有针对性地解决学生在语法学习过程中不断出现的问题。

一般来说,有效的英语语法学习要基于几个重要的原则。首先,要重视显性和隐性语法学习相结合的原则。显性语法学习是指通过学习语法规则来达到掌握语法的目的,侧重于对语法规则有意识的分析、归纳和推理的学习过程。隐性语法学习强调避免在学习过程中直接学习语法规则,而是在真实交际中,关注语言表达内容的过程中无意识地慢慢习得语法的运用。有效的语法学习是显性和隐性学习的结合。

其次,语法学习离不开反复的练习与运用。小学英语语言规律主要出现在句型、对话、短小文章中,因而语法学习主要是结合这些具体的学习活动,在交际中,在体验参与中,让学生感受、领会、掌握一些基本的语法知识。不少教师的英语课堂枯燥乏味,其中一个重要的原因是在讲授语法项目时采用了过于机械的练习形式。如:

例子:I am swimming now. (tomorrow)→I am going to swim tomorrow.

(1) Jack is dancing now. (tomorrow)

(2) Mary is drawing now. (tomorrow)

这类例子只让学生重复操练语法项目,并没有提供机会让学生了解其应用的情景,语言形式与语言的使用语境、意义脱节,达不到语法学习最终提高学生语言综合运用能力的目的。

最后,对小学生语法能力的评价尽量少用标准化的测试,应结合多种评价手段,以形成性评价为主。前面已提到,标准化的测试对教学与学习的反拨效应较大,而且标准化的测试多以纸笔测试为主,容易流于单纯的语法项的检测,也不能反映小学生语法能力的发展性。过多的这类评价只会导致语法教学和学习过程以形式讲解为主,忽视语用。

2 小学英语语法学习关键问题及教学方法指导

目前,小学英语语法教学存在两种较为明显的现象:一是在讨论小学英语教学时,人们更多的是关注语言技能的训练,轻视或忽视语法教学,特别是在各种公开课和优质课比赛设计中;二是在常态课教学中,教学内容一涉及语法知识,教师就更倾向于单一的呈现与讲解,缺乏语法教学的策略,导致学生语法学习兴趣不浓。一般来说,当前语法教学存在的主要问题有下面几种:

（1）教学方法单一，缺乏灵活性。多数小学英语教师在语法教学活动设计中方法单一，通常不同的语法功能意义都是采用相同的教学方法，多以讲解、反复操练、学生口头模仿、机械记忆等为主。很少有教师能根据本班学情和语法项目的特点设计与之相适合的教学活动或针对不同的语法教学项目采用不同的教学方法，缺乏灵活性和创新性。

（2）学生参与度不够，缺乏学习主动性。教学是一种师生互动的行为，学生的主动性主要是通过课堂教学中的参与度来体现的，同时，课堂参与度也是课堂教学效果评估的重要指标。多数教师在课堂上习惯于语法知识的灌输或详细讲解，忽视学生的认知层次和参与性反馈，导致学生注意力不易集中，很难调动学生学习语法的积极性。

（3）不恰当纠错，造成学生学习语法的挫败感。学生在学习中都会经历犯错、改正、再犯错、再改正的过程，在对所犯的错误形成正确的认识后才能慢慢积累有价值的知识。尤其是英语学习，学生在使用英语的过程中犯错是不可避免的。错误本身就是一个学习的源泉，教师可以根据学生的错误来判断自己的教学效果，根据错误来决定下面的教学内容。然而当学生犯语法类的错误时，教师常常有几种困惑：什么样的语法错误要纠正？什么样的语法错误可以忽略不计？什么时候应该明确指出学生的语法错误？对待学生的语法错误应该采取严厉还是温和宽容的态度？这些问题都值得教师结合学生实际和课堂实践进行深入的研究。

为了便于教师在课堂学习和课例研究过程中有针对性地设计语法项目教学，下面从方法和策略的角度介绍一些可以采用的教学活动方式。

2-1　基于“情景学习”的小学英语语法课堂学习与课例研究

情景性语法学习是交际语言教学倡导的一种主要方法，其学习的基本方法不是强调形式，而是情景中语法的运用学习。通过创设英语交际的环境，以“信息差”为交流的基础，让学生体验某一语法知识的用法，并迁移到其他类似的情境中。

【活动设计实例】 比较级的情景语法学习

【评析】 这是小学英语教材中关于比较级的语法板块。其教学方法不是单纯地讲解比较级的形式，而是首先创设一个与真实生活体验相似的情境，通过直观的图片，让小学生观察和比较，从语义的角度来描述图片。同时，这样的活动完全可以拓展到学生生活，从语用的角度来训练学生对比较级的语法知识的认知。这是小学英语语法教学比较提倡的方法。

2-2 基于“游戏学习”的小学英语语法课堂学习与课例研究

通过游戏学习英语语法也是小学课堂英语学习常用的方法。这一方法结合学生生活实践，将语法学习和训练融入游戏活动任务，以语用中的意义表达为出发点，通过学生在游戏活动中的互动交流，不断地训练特定的语法形式，它在课堂教学中的活动形式通常是 pair work 和 group work。

【活动设计实例】 “调查式”的游戏活动

	watched TV	listened to music	played sports	washed clothes	cleaned my room
Zhang Peng		√			

【评析】 这一“调查式”游戏活动是小学英语教材常用的设计方式，也是教师在课堂上常用的教学呈现方法。它的优势是不受学生人数限制，比较灵活。能紧密结合学生生活中的话题，将一般过去时的学习融入学生的互动交流，能比较有效地发展学生语法的隐性学习。

2-3　基于“故事学习”的小学英语语法课堂学习与课例研究

基于故事的语法学习可以典型地体现《课标》关于语法学习意义、表意和功能的有机结合。故事创造了一个有意义的情境，比较符合小学生好奇和探究的心理，设计精巧的故事可以很好地把小学生所要学的语法融入进去，在故事情节的发展中不断强化小学生对某些语法使用的感知，能比较有效地将语法运用与意义表达结合起来。

【活动设计实例】 基于故事的一般过去时学习

小男孩 Max 的故事

Max was only two, but he was on the go! Max liked to skip and play in the grass. He liked to hop, jump and do flips(翻跟头). He liked to run and play ball with his dog. But, best of all, Max liked to make a big mess.

Max was only two, but his Mom and Dad said, "What can we do? Max likes to mess in mud, muck(淤泥) and stuff. And that is not at all good to do."

But Max did not care; he was only two!

【评析】 这是一个介绍一位小男孩日常生活的故事，可能与很多小学生的生活体验有相似之处，缩短了故事与学生生活的距离，能引起学生探究的愿望：究竟故事的主人公发生了什么有意思的事呢？而融入的一般过去时的用法很自然地推动着故事的发展，也容易帮助学生体会一般过去时的用法。因此，基于故事的语法教学能很好地指向形成性评价，有利于提高学生用语法表意的能力。

3 课例研究

语法教学课例必须要经过细致的设计，学生所学的语法项内容如何整合融入课堂活动设计考量着教师的智慧。有效的课堂语法教学一般来自于教师基于教学实践的创新，能采用语言学习特点的教学理念，能从真实语言输入的角度来思考，更能关注小学生学习的认知能力发展层次。下面聚焦课例来分析涉及语法教学设计的思路和可能存在的问题，以便教师在开展课例研究时能把握语法教学设计的基本理念。

课例展示

四年级 *Let's talk* 课例与评析

课例基本信息			
课题	Unit 4　Let's Talk!	年级	四
教材	PEP 小学英语四年级上册		

(一)教学分析

内容分析：本单元 A 部分主要介绍的是家中的房间名称和功用，同时引入了语法一般疑问句 Is she in the…？Is this…？Is it…？及其一些常用的交际句型；B 部分主要介绍的是家中的陈设及围绕物品展开的动作，所学语法句型为 Are they on/near…。本单元在本册书中相对比较独立，围绕“my room”拓展学生的词汇量和交际用语，而句子 Is she in the…？Is this…？Is it…？Are they on/near…？又加入了方位词，增加了学生学习的深度，也体现了知识体系的螺旋上升式的呈现。

学情分析：授课对象班级是四年级，学生已经具备了一年的英语学习基础，而这一单元的学习内容与学生的生活实践紧密结合，能激发学生的学习兴趣；但是一部分学生在校外辅导班已经学习过这一部分，同时这一部分也没有生僻的单词，因此，在设计这一课例的时候一定要协调好班上不同层次学生的需求，在知识的难度控制和课堂的组织上下功夫。

【评析】 在这一节教学的分析上，教师一方面抓住了本课的主要语法项目，另一方面也充分考虑了学生学习的基本现状，从内容难度设计和课堂组织上突出本节课设计的基本思路。从设计的角度来说，这样的考虑有一定的教学实际意义。但教师在分析过程中，基于学生的学情，没有突出新知识层次上的拓展。一般认为，在新知识相对较为容易的情况下，教学设计应该在认知能力层次上进行提升，结合生活实践挖掘学生的创新性和思辨能力。这些是课例研究在课例设计过程中时刻要关注的“点”。

(二)教学目标

1. 知识与技能：

(1)学生能够区别和运用 Is it…？和 Are they…？问答并能准确表达复数形式。

(2)学生能表达 Where are the keys? 和 Are they on /near…？并能

进行交际。

(3)能根据情景进行简单的描述和交际运用。

(4)能流利地朗读和背诵 Let's chant。

2. 情感态度价值观:

(1) 培养学生独立思考问题和举一反三的能力。

(2)培养学生自信的学习风貌和良好的生活习惯。

(3)培养学生对家的热爱。

【评析】 教学目标的设计主要是基于"三维"的视角:知识、能力、情感态度。但在具体活动设计时,最关键的是如何将情感价值观的目标整合进知识和能力目标中,这也最能考验教师教学设计的能力。目前,教学设计常见的现象是:目标设计维度清晰,但教学过程却偏向于知识或能力,忽视或无视其他教学目标,如,情感态度、学习策略或文化意识。一方面可能是因为教师更习惯于知识的传授和听、说、读、写的训练,另一方面可能是很多教师在教学活动设计时不知如何融入或比较生硬地融入其他目标,导致教学表面化现象比较严重。

(三)教学过程

1. Lead-in:Review

(1)PPT: hometown—home,2 Chants, words.(复习单词)

(2)Where is it?(呈现图片,激发学生思考)

Hometown—My Home

2. Presentation: Let's talk!

(1)Guessing game(猜钥匙在哪里,引出本课对话中的重点句子及单复数的区别):

Where is the key?
Is it ________?   Yes, it is. /No, it isn't.

(准备好授课教室的一串钥匙)

(2)方位图:板书、说。

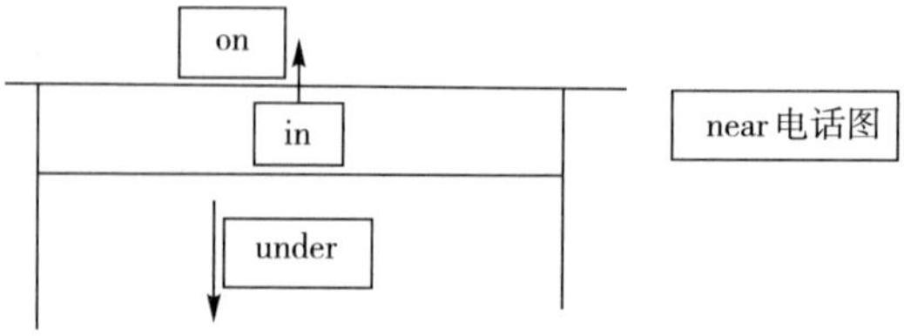

(3)创设情境问答:Where are the keys? Are they ________?

Where are the keys?
Are they on the table/near the phone? Yes, they are. /No, they aren't.

T: Look! They're in the door.

(教师示范演说,学生跟说演。)

(4) 播放空中课堂资源教学:对话朗读。跟读。示范表演(两人操练、表演)。

S_1: Open the door, please.

S_2: OK.

S_1: Where are the keys?

S_2: Are they on the table?

S_1: No, they aren't.

S_2: Are they near the phone?

S_1: No, they aren't.

S_2: Look! They're in the door.

3. Consolidation and extension

(1)思想教育:John 的妈妈和老师也给同学们建议——千万不要像 John 一样丢三落四,写完作业后要马上整理好自己的东西,同时爱惜和保管好它们。

PPT 呈现:

Keep order. (物放有序。)

Item can be priced while love is invaluable. (物品有价,爱心无价。)

(2)句型应用:"Are they ________?"

活动 1:猜物品 I have 2 animals. They're the same.

T: Are they ________?

Ss: Yes, they are. /No, they aren't.

活动 2:听歌谣设问题。

T: Where are Mom and Dad/Brother and Sister? Are they in the ________? Are they at home?

Ss: They are...

(在复习巩固重点句型的同时为下面学习歌谣做铺垫)

4. Let's chant.

Mom's in the living room. Dad is too. I'm in the bedroom. Where are you?

My brother's in the kitchen. My sister is too. I'm in the bedroom. Where are you?

(让学生在 chant 的过程中感知语法句型的应用。)

【评析】 本节课的教学过程设计基本上抓住了课文内容材料，结合学生生活实践，从语言使用的角度不断强化学生对语法句型的语用感知，顾及了教学设计中的知识和能力目标，但是在情感态度目标上并没有得到很好的体现。即使是在知识和能力目标上，本课例的设计也还是比较简单，课前的学情分析并没有得到很好的照顾，在语言认知层次上并没有得到很好的拓展和深化。因此，从课例研究的角度来说，本课活动设计难度相对较浅，缺乏创新性和深度。

5. Homework

阅读课文句型，并用英语对家里的方位摆设进行简单的描述。

课例透析

英语语法是英语语言的组织规律，它赋予英语语言以结构系统，指导英语语言正确、贴切地表达思想和传递信息。它有严密、科学的体系，是结合英语语言系统和英语语义系统的枢纽，是组词成句的黏合剂，起着纽带作用。因此，在英语教学中我们要以科学的态度、以符合认知规律的理念来教好、学好英语语法知识。

小学英语教学的重点是培养学生英语学习的兴趣和初步的交际能力。语法是用词造句规则的综合，语法教学的目的是使学生掌握基本语法，更好地进行听、说、读、写等语言实践活动。因此，在以学生为主体的英语教学中教师要改变传统语法教学观念，灵活运用各种教学方法，把语法教学与听、说、读、写等学习内容自然地融合在一起，充分调动学生的学习积极性，让学生更恰当、更准确地运用语言，更好地发展学生的语言能力。因此，在语法教学设计上，教师要多创设真实情境，增强学生语法学习的主动性；多设计类似游戏活动的教学方式，增强语法学习的趣味性；多采用基于内容意义的故事材料来帮助学生逐渐掌握语法知识。这些正是课堂学习与课例研究中语法教学设计需重点关注的方面。

第5部分

小学英语听说课堂学习与课例研究

5

1 小学英语听说能力标准要求

语言技能是语言运用能力的重要组成部分，主要包括听、说、读、写等方面的技能以及这些技能的综合运用。听和读是理解的技能，主要是语言的输入加工；说和写是表达的技能，主要是语言的输出加工。它们在语言学习和交际中相辅相成、互相促进。语言技能和语言知识是紧密结合、共同发展的。知识和技能往往是在同一种语言活动中共同发生的。语言知识的学习，离不开语言技能的运用，语言技能的发展是以语言知识的运用为基础的。可以说，两者的发展在学习过程中没有本质上的先后之分。

1-1 《义务教育英语课程标准》(2011)对小学英语听说能力的描述

在《课标》的综合语言运用能力要求上，语言技能包括听、说、读和写。听是分辨和理解话语的能力，即理解口语语言的意义；说是运用口语表达思想、传递信息的能力；读是辨认和理解书面语言，即辨认语言符号并将符号转换成有意义的信息输入的能力；写是运用书面语表达思想、传递信息的能力。

听、说、读、写语言技能是综合语言运用能力的重要基础，要在结合语言知识、学习策略、情感态度和文化意识目标的基础上，正确把握和处理语言技能之间的关系。一般认为，听、说、读、写的训练内容和形式要尽可能贴近学生的实际生活，贴近真实的交际行为，贴近有目的地综合运用英语的活动；其次，听、说、读、写的活动要与激发学生兴趣、自信心、合作精神等情感态度相结合，要有助于增强学生的文化意识，使学生在语言技能实践的过程中逐步形成主动参与、乐于探究、勤于动手的学习态度，学会学习。

小学学段是打基础的阶段，英语学习应尽可能接触多的语言材料，要通过视听、听和读等方式，多强化可理解的语言输入，选择的学习材料输入要多贴近小学生日常生活和学习体验、贴近时代、符合小学生认知水平。然而，单纯的语言输入难以保证小学生综合运用英语能力的发展，还需要通过口头和书面表达来检验和促进小学生语言的吸收和思维能力的发展。只有这样，才能提高小学生接收、理解和处理信息的能力，锻炼他们英语的思维、联想、想象、判断和推测的能力，增强他们语言的分析加工、表达和创新能力。

在小学学段，听、说、读、写的语言技能之间的关系具有特殊性。我们知道，儿童的母语是在语言的日常环境习得的，英语学习对于小学生来说，首先是在语言使用的环境中学习，要遵循语言学习的一般规律。模仿是小学生初期学习英语最重要的手段之一，只有在模仿中，小学生才能逐步掌握和运用语言知识，并按照语言规则表达意义，形成听、说、读、写四种技能的综合运用，从这个意义上说，听、说、读、写既是小学生语言学习的目标，也是他们语言学习的手段。

针对小学学段的学生充满好奇心、好动、爱表现、善于模仿等年龄特点，《课标》结合语言学习规律，描述了小学生英语语言听说技能培养的要求：

级别	能力	内容描述	解析
一级	听做	1. 能根据听到的词句识别或指认图片或实物。 2. 能听懂课堂简短的指令并做出相应的反应。 3. 能根据指令做事情，如指图片、涂颜色、画图、做动作等。 4. 能在图片和动作的提示下听懂简单的小故事并做出适当的反应。	强调听懂简单的指令和语句，引导学生通过做事来表达自己对语言的理解；关注语言的实际意义和应用价值。
	说唱	1. 能根据录音模仿说话。 2. 能相互致以简单的问候。 3. 能相互交流简单的个人信息，如姓名、年龄等。 4. 能表达简单的情感和感觉，如喜欢和不喜欢。 5. 能根据表演猜测意思、说出词语。 6. 能学唱英语儿童歌曲和歌谣 15 首左右。 7. 能根据图、文说出单词或短句	鼓励学生开口说话，强调通过歌谣、歌曲让学生感受语言的节奏和韵律；强调语言表达时，教师需要提供语境。
二级	听	1. 能借助图片、图像、手势听懂简单的话语或录音材料。 2. 能听懂简单的配图小故事。 3. 能听懂课堂活动中简单的提问。 4. 能听懂常用指令和要求并做出适当的反应。	强调教师充分利用图片、图像、手势等非语言形式帮助学生理解所听语言材料。
	说	1. 能在口头表达中做到发音清楚，语调自然。 2. 能就所熟悉的个人和家庭情况进行简短对话。 3. 能运用一些最常用的日常用语（如问候、告别、致谢、道歉等）。 4. 能就日常生活话题作简短叙述。 5. 能在教师的帮助和图片的提示下描述或讲述简单的小故事。	强调引导学生养成良好的语音和表达习惯；强调培养学生进行简短叙述的能力。

1-2　小学英语听说能力的学业标准描述

在《课标》的一级和二级中，对听说能力有了较为详细的描述，一级主要面向小学学段的初级（三、四年级），二级主要面向小学学段的高级（五、六年级）。在课堂教学设计中，听说能力一般紧密结合在一起，基于具体的教学内容，每一个年级的学生在《课标》标准的指导下必须培养一定的听说能力，其最终的语言能力学业评价也必须基于标准的要求。

对于小学英语教师来说，理解《课标》标准，结合教材内容细化每个年级学生应该具备的听说学业能力要求对指导教师教学设计、课堂教学实施、制定学生学习目标都有着重要的意义。从课堂学习和课例研究的角度来说，学业标准可以帮助教师在具体教学设计过程中把握内容的前后关联、学生语言能力发展的阶段性和层次性，能更好地结合学生语言认知水平来发现学生课堂学习问题，并探究有针对性的解决方法和策略。

前面也提及，学业标准比《课标》更加具体，是与教材、学生具体学习情况、教师具体教学情况等紧密结合起来设计的，与一定地区或学校的整体教学层次有一定关系，是为了更加有效地将《课标》的内容要求在实践中实施。例如，下面是北京海淀区根据自己区域的整体英语教学水平（一年级起点），在《课标》理念指导下，制定的具体的学业标准。因此，在教师自己具体的课堂学习和课例研究过程中，可以借鉴这种学业标准描述，统观采用的教材内容结构，制定符合自身教学实际的学业标准，可以有效地指导教学实践与研究。

年级	技能	学业标准描述
三年级	听	能听出元音字母在单词中的长、短音；能听懂课堂指令，并按照要求完成学习任务；能根据听到的简单句识别或指认图片和实物；能借助图片、图像听懂熟悉话题的对话（2～3 话轮）、语段、小故事，理解大意和主要信息。
	说	能模仿录音说英语，做到发音清楚、语调自然；能用简单的语句描述图片、实物或动作；能用所学话题互相交流简单的信息；能结合实际情况用所学语言介绍个人、家庭、学校等信息。
四年级	听	能听出所学元音字母组合在单词中的发音；能听懂课堂常用指令，并按照要求完成学习任务；能根据听到的句子识别或指认图片和实物；能借助图片、图像听懂熟悉话题的对话（3～4 话轮）、语段、小故事，理解大意和主要信息。
	说	能围绕所学话题互相交流简单的信息，并尝试发表自己的观点；能应用一些日常用语，如寻求帮助、提出建议、礼貌接受等；能结合实际情况用所学语言介绍爱好、课余生活、国家城市等；能借助图画、文字的提示复述所学小故事；能在小组活动过程中用简单英语交流。

续表

年级	技能	学业标准描述
五年级	听	能听出所学字母组合在单词中的发音；能听懂课堂上教师发出的连续性指令和要求，并完成学习任务；能根据听到的句子识别或指认图片和实物；能借助图片、图像、图表听懂熟悉话题的对话（2～3 话轮），理解大意和主要信息。
	说	能在口头表达中做到语音准确、语调自然、语言达意；能用词汇和语句描述图片、实物和动作；能根据所学话题和场景，结合自己的生活实际，与他人进行简单的交流，表达自己的想法；能运用一些日常用语，如提供帮助、道歉、致谢、建议等；能结合实际情况用所学语言介绍同学、老师个人喜好等；能在课堂上用英语进行交流和协商。
六年级	听	能听出字母组合在单词中的发音；能听懂教师在课堂上连续性的指令和要求，并完成学习任务；能根据听到的句子识别或指认图片和实物；能听懂话题的多轮对话和语段，理解大意和细节信息，并能做出判断；能听懂句式、情节较为丰富的小故事，理解大意和细节信息。
	说	能在口头表达中做到语音准确、语调自然、语言达意；能使用较为丰富的词汇和语句描述图片、实物和动作；能就熟悉的话题结合生活实际与他人进行较为真实的交流；能借助图画、实物、文字信息提示，就某一事物或事件进行简单的描述或介绍；能借助图片、问题提示，用所学时态，描述小故事。

1-3　小学英语课堂学习与课例研究中的听说课教学研究

现阶段我国小学英语教学仍然受一定应试导向的影响，往往由于进度要求、考试内容、班级规模等限制或忽略了对学生的语言应用能力，尤其是听说能力的培养。相当一部分英语教师对语言学习缺乏正确的认识，认为学习英语就是记忆单词、音标、词组，掌握词法和句法而已，日常的教学重点仍放在让学生背诵、理解、记忆英语语单词、法的条条框框上，忽视了语言学习的应用价值和实用价值。长期以来，我们的外语教学多偏重于知识的传授，忽视了语言能力的培养，特别是一般交际能力的培养。

虽然说，在《课标》的指导下，当前小学英语听说教学有了较大的改进和提高，但仍然摆脱不了升学考试的影响。在很多学校，听的教学大多围绕升学考试进行，多以给学生磁带听力和做选择题训练为主，较少有真正意义上的听的教学，淡化或忽视了英语的交际功能。另外，多数听力教材大多以选择题居多，听和说严重脱节。即使有说的教学，也只是体现一下教材安排的内容，教材内容以外的拓展性活动不足；教学范围过于狭窄，学生很少体验真实的语言交际环境，甚至部分课堂根本就没有说英语的机会。说的教学的滞后或缺失影响了学生口头表达能力的发展。

因此，对于小学英语课堂学习与课例研究来说，有很多基于课堂而产生的实际听说课教学问题值得深入研究，这种研究一般要基于严谨的、系统的、循序渐进的科学方法，在参与教师小组合作过程中不断纠正日常听说课教学中不正确的教学方法和教学观念，以《课标》为指导，制定具体的课堂学业学习要求，从微环节着手，从微变化入手，才能带来教学方式的革新，在研究实践过程中逐步改变听说课的教学观念。

2　小学英语听说课教学关键问题及教学方法指导

听说一般被认为是接受性和产出性的综合技能，也是学生大脑主动加工的过程。依据任务活动的不同，学生参与听说活动过程的反馈也不尽相同。听说是一个连续性的活动，从微观过程来看，可以大概分成三个步骤：听说前活动，听说中活动，听说后活动，三个阶段都涉及一些具体的策略和方法。在听说前活动中，教师选择听力输入材料，激活学生已有知识，可以为说的活动做准备，例如利用关于话题的图片、视频、讨论、小阅读片段、内容预测或头脑风暴等，帮助学生快速进入话题。在听说中活动中，能提取材料中信息的技能至关重要，不同层次对听力的反馈要求要结合学生的英语知识水平和材料本身的特点，小学初级阶段（一级）主要以附带的简短反馈为主，小学高级阶段（二级）可以夹杂一些高能力要求的活动反馈，如解决问题等。在听说后活动中，可以选择一些后续拓展性的听说任务，这可以巩固学生听说能力的发展，强化学生对所学内容的感知。

小学学段学生听说活动还要坚持几个基本原则：听说活动内容必须有真实的交际目的；听说前活动要能很好地激活学生已有的背景知识，帮助他们了解听说活动的目的；听说活动话题要尽量有趣，贴近学生生活和符合小学生认知能力，激发他们听和说的兴趣；听说活动尽量要有一定意义的学生行为反馈，促进学生思维能力的发展；听说材料中的语言必须是生活中常用的、简短的交际性语言。这些原则可以有效地提高听说活动过程中的可理解性，增强学生参与听说活动的兴趣，利于小学生听说语言能力的初步发展。

在小学学段英语听说教学和训练中，一些常用的方法与语言知识有效学习的方法是紧密结合在一起的，语言知识中的发音、词汇是听力活动开展的基础，没有它们的帮助，学生就很难抓住听和说的内容信息，也就是说，听说能力的发展要基于基本的语言知识的掌握。下面介绍几种在小学学段能有效提高学生听说能力的教学活动，其设计基本思路都是符合《课标》提倡的理念，尽量避免单纯的、无意义的、机械的、枯燥的、反复的操练。

2-1 基于“匹配式活动”的小学英语听说课课堂学习与课例研究

匹配式听说能力训练是小学初级阶段最常用的方法，用于培养小学生对英语语音初步的感知和辨别能力，通过直观性的方法，在音、形、义之间建立初步的关联。图片与词汇配对是小学英语教学中最常用的手段，也是很多教材听说活动设计的方法之一。

【活动设计实例】 听录音，并说出图片与对应的句子，理解其表达的意思。

1. Stand up.	6. Open your book.	11. Listen to the question.
2. Go to the board.	7. Read page eight.	12. Raise your hand.
3. Write your name.	8. Study page eight.	13. Give the answer.
4. Erase your name.	9. Close your book.	14. Work in groups.
5. Sit down. /Take your seat.	10. Put away your book.	15. Help each other.

【评析】 这个活动可以训练学生对课堂常用用语和表达意思之间的对应关系。课堂用语是教师开展有效教学的关键，学生能听懂、说出常用课堂用语也是提高学习有效性的保障。这个活动借助于图片与句子的匹配来训练学生对常用课堂英语的听与说的感知，图片的呈现本身也具有连续性和生动性，能激发学生学习、模仿的兴趣，比较有利于学生对不同课堂用语的学习。

2-2　基于“情景式活动”的小学英语听说课课堂学习与课例研究

这种方法强调听力内容中情境的创设，针对小学生创设的情境要直观（通常借助图片和视频）、话题熟悉、贴近生活、可理解性强，最好能激发小学生“听”的好奇心。

【活动设计实例】 听录音，“What's the matter?”，说出公园里不同人的问题是什么。

【评析】 这个活动创设了一个“公园”的场景，让学生听不同人的交流，发现他们不同的问题是什么。情景来自学生真实生活的体验，交流的话题也

是学生生活中经常出现的问题；同时，伴随的生动的图片形式也增加了听说内容的可理解性，这样的听力训练和说结合起来，能有效地帮助学生掌握日常的交流用语。

2-3　基于“故事性”的小学英语听说课课堂学习与课例研究

故事性听说能力训练活动是小学英语课堂教学常用的形式之一。它的优势在于能激发学生听的好奇心，在听说的过程中，学生必须抓住故事的信息内容，理解其中表达的意思。在选择故事作为听说训练材料时，教师必须注意选择的故事内容要贴近学生生活，尽可能反映小学生的生活体验，增强听力过程中的可理解性程度；有必要时，教师也要给学生一定的语言知识的辅助，尽量减少听说过程中出现的语言障碍。

【活动设计实例】　我和我朋友的故事，看看我们喜欢做什么和我们不喜欢做什么。

【评析】　这是围绕着一个小朋友展开的故事，听说内容是关于小朋友们

的日常喜好，这个故事情境的创设可以说是紧密联系着学生的生活体验，符合学生的认知能力层次，如果在听之前，让学生开展一些预测性的“说”的小任务，也可以帮助学生激活生活中各种有关联的生活经历，更便于学生在听的过程中理解故事的内容；在听后活动中，能让学生讲述自己的故事，这就能很好地将听、说结合起来，非常有利于学生听的能力和说的能力的提高。

3　课例研究

小学学段英语学习偏重于听说能力的培养，中国英语学习缺乏一定的社会语言环境，学生这方面能力的培养只能落在课堂教学实践中，因此，教学设计是保证学生课堂学习有效发生的前提。前面已经提及目前小学英语课堂上听说课教学的一些问题，这些问题不是学习几种教学理论和方法就可以解决的，教师要更新观念、革新教学方法和策略必须扎根于课堂教学实践研究，不断地积累教学实践性知识，在行动中、参与中、体验中发挥教师自身的主体性。从这个意义上说，课堂学习和课例研究是一个很好的研究平台，它能够辅助一线教师不断提高教学能力，更新教学理念，进而带动实践的改变。

下面从课例的角度来分析小学英语听说课的教学设计，为课例研究提供可借鉴的方法。

课例展示

三年级 Do you like pears? 课例与评析

课例基本信息			
课题	Unit 5　Do you like pears?	年级	三
教材	PEP 小学英语三年级下册		

（一）教材分析

本单元学习的主题是水果，在学习水果单词的基础之上，通过情景会话，通过听感知核心句型 Do you like…？ Yes，I do. 让学生询问别人和表达自己是否喜欢某种水果，并在实际情景中自然运用。设计将教材中的单词与句子相结合，将教材内容有序地编排，使教学内容尽量贴近学生生活与喜好。在教学中,通过小猴子邀请大家去 fruit land 为线索,关注学生的情感,整节课充分体现以学生为中心,让学生知道吃水果对健康有益。

(二)学情分析

本节课的教学对象是小学三年级的学生,年龄段在九岁左右,活泼好动,对游戏、歌曲特别感兴趣。经过半年的学习,学生对英语已经有了初步的感知,掌握了一些日常对话用语和一定量的词汇,建立了一定的语感、语音、语调和书写基础,培养了一定的学习习惯,但在学习方法和学习策略上还需要逐步引导。针对大部分学生对英语有着浓厚的兴趣,但少部分学生还没有建立起学习的自信的情况,教学过程中我注重帮助学生保持学习兴趣。

【评析】 在教材和学情分析上,基本上抓住了课的内容特点和学生的学习特点,这有利于教师在教学过程设计中有针对性地采用不同的教学活动形式。分析中,教师也抓住了听说能力训练中关键的语言知识的学习(关于水果的单词和句型),这些语言知识是保证听说活动有效实施的基础。在做课例研究中,教师在分析教学内容时,还必须要注意学生学习的深层次问题,例如,如何有效激活学生已有知识?如何将已有知识融入新知识学习和技能训练?在分析学生学情时,要突出学生的真实学习情况,这样设计的活动才有针对性。这些都是教师在课前分析时必须充分考虑的问题。

(三)教学目标

1. 知识目标:

能够掌握关于水果的单词 apple, pear, orange, banana 和句型 Do you like…? Yes, I do.

2. 能力目标:

(1)能够听、说、认读关于水果的单词:apple, pear, orange, banana。

(2)能够在图片、实物或情境的帮助下运用 Do you like…? Yes, I do. 来询问别人和表达自己是否喜欢,并在现实生活中自然运用。

3. 情感态度目标:

通过本课时的学习使学生对水果产生浓厚的兴趣,学生能体会英语学习中的乐趣,积极参与语言交际活动,能在活动中与别人愉快合作。同时联系生活实际,渗透科学饮食的教育,告诉学生多吃水果有益健康。

【评析】 本课的教学目标设计简单明了,时刻围绕着教学知识内容和其在实践中的应用。这两个层面的教学目标设计也是大多数教师最常用的形式。优势是可以紧密结合教材内容，易于教师顺利地完成教学任务；不足是仍然是一种简单的基于语言形式的教学，对学生语言能力的提高帮助不大。因此，在课例研究中，教师必须能认识到教材规定语言形式与语言能力培养之间的关系，摆脱简单的语言形式对教学目标的束缚，从语言能力培养的角度来看待语言形式的问题。这样也有利于教师在教学活动设计中把握学生语言学习的重心。

（四）教学过程：

1. Lead-in：Greetings

（1）师生问候：How are you? Fine，thank you. And you? I'm very well，thanks.

（2）播放一段*Apple Tree*的歌曲。

（设计意图：师生自由谈话，学唱*Apple Tree*以轻松的氛围进入英语学习当中，激活学生相关话题的生活体验知识。）

2. Presentation

（1）教师呈现，训练学生的听力感知。

T：The apples are ripe. Monkey invites us to Fruit Land. Let's go and see! Oh，no! There is a river here. How to go to the Fruit Land? There are 5 turtles. The monkey must jump through them.

（2）新词汇的呈现：apple，pear，banana，orange，etc.

T：What's this? Apple，apple.（教师带读板书）Look at the apple，What colour is it? How many apples can you see? Do you like apples? Yes，I do. I can eat it. Yummy!（教师出示笑脸的图片）No，I don't.（教师出示哭脸的图片）

（用同样的方法教授其他单词）

（3）Read your book. Listen and read.

（4）T：Let's play!

（5）T：Let's talk!

两人一组操练句型：Do you like…? Yes，I do.

（6）Let's chant!

（设计意图：以小猴子邀请大家去Fruit Land为线索，通过闯五关，从Let's learn，Let's read，Let's play，Let's talk，Let's chant几个活动环节，富有童趣，调动了学生的激情，培养了学生合作的能力。通过朗朗上口的chant，使学生有兴趣参与活动。活动方式多样，锻炼了学生听、说、做的能力。）

3. Consolidation

(1) Activity：

• Teacher-students' Interaction：talking about why fruit is good for us.

• Student-student's Interaction：why do I like apple/orange/banana…？

(2) Let's sing a song：*An apple a day*

(设计意图：在拓展知识时，联系生活实际，渗透科学饮食的教育，告诉学生多吃水果有益健康。)

【评析】 教师在设计教学过程时，主要还是紧密围绕语言知识及其在实际生活中的简单应用，与教学目标的描述层次基本上是一致的。但是从活动本身的认知层次来说，对学生课堂听说能力训练要求很低，模仿性的、机械操练性的环节过多，从这个意义上说，这节听说课的设计并没有有效达到训练学生语言运用能力的目标。在课例研究中，参与教师要时刻关注每一个课堂活动设计背后的理念，与学生能力运用之间的关系，以及这样的活动是否有利于学生课堂学习的发生等关键性特征，这些是保证课堂学习和课例研究深入进行的基础。

4. Homework

(1) Draw the fruit you like.

(2) Go to the supermarket, and say the names of the fruits.

(设计意图：让学生画出自己喜爱的水果。去超市时看到水果能说出它们的名称。能在日常生活中运用所学的知识。)

课例透析

小学是英语学习者的启蒙阶段，尤为重要。《课标》提倡小学英语教学要注意小学生的情感态度问题，从一开始就要培养他们对英语学习的兴趣，这种兴趣应该是稳定、长久、积极的，不是短暂、消极的。因此，小学英语教学要在学生运用英语上下功夫，特别是通过游戏、活动等形式组织教学，让学生在活动中学习英语。在听、说、读、写的基本技能中，听、说应该作为小学生学习英语的主要手段和英语理解与表达的形式，要以听与说的技能训练为先导，这样可以很好地激发学生日常学习的参与性和主动性。

目前，小学英语听说教学中存在着诸多问题。如：对教材理解不透彻，教学目标定位不准；所设计的教学活动没能为教学目标服务，流于形式；激发学习兴趣只注重表面，没有达到预期的教学目标，等等。上面的设计从诸多方面都体现了目前听说课教学设计存在的普遍性问题，这反映了听说课教学值得教师进行深入的研究，从教学实践入手，逐步改变教师关于听说课教学设计的理念，让教师在过程体验中深化对听说课教学设计的理解。这才是做课例研究的真正意义所在。

第 6 部分

小学英语读写
课堂学习与课例研究

6

1 小学英语读写能力标准要求

在英语学习的过程中，听、说、读、写四项技能是一个有机统一体，听说能力的提高为学生读写能力的发展提供保障，而读写能力的发展又能促进学生听说能力的提高和学生思辨能力的发展。小学低年段的英语教学着重培养学生的听说能力，高年段的英语教学则需兼顾学生读写能力的发展。听和读是语言输入的过程，说和写则是语言输出的过程。语言输入是语言输出的必要前提，而后者又能丰富前者。因此在小学英语教学中，特别是高年段的英语教学中，既要注重学生听说能力的发展，也要注意学生读写能力的培养。

1-1 《义务教育英语课程标准》(2011)对小学英语读写能力的描述

在小学学段，与听与说能力发展要求有所差异，《课标》对阅读能力发展的要求在低年级没有特别明确的描述，而是将它与写的技能结合在一起，主要是看图识词和看图读懂小故事（一级）；在小学高年级，《课标》才对阅读能力发展有了较为初步的描述，以读懂要求和指令、读懂贺卡简单信息和读懂小故事和小短文（二级）为主。总体来说，在小学学段，对阅读能力的要求层次比较低，更多的是一种阅读习惯的养成。但这并不意味着阅读能力培养在小学英语教学中不重要，而是要充分重视如何将学生初步的阅读能力发展和阅读习惯的养成融入教学和学生实践，为将来的阅读能力提高打下基础。

与阅读能力要求相似，小学学段对英语写作能力的要求并不高，虽然《课标》明确提出写是小学英语教学和学习的基本技能之一，但只是在高年级阶段才提出初步的写作能力要求。要求能正确地使用大小写字母和常用的标点符号，能写出简单的问候语和祝福语，能根据图片、词语或例句的提示写出简单的语句（二级）。总体来说，写作能力的要求较低，这也比较符合对英语初学者的写作能力的要求。

级别	能力	内容描述	解析
一级	读 写	1. 能看图识词。 2. 能在指认物体的前提下认读所学词语。 3. 能在图片的帮助下读懂简单的小故事。 4. 能正确书写字母和单词。 5. 能模仿范例写词句。	强调在语境中读的活动。 强调在初学阶段培养学生良好的书写习惯。
二级	读	1. 能认读所学词语。 2. 能根据拼读的规律读出简单的单词。 3. 能读懂教材中简短的要求和指令。 4. 能看懂贺卡等所表达的简单信息。 5. 能借助图片读懂简单的故事或小短文，并养成按意群阅读的习惯。 6. 能正确朗读所学故事或短文。	强调学生按照拼读规律学单词，掌握词汇学习方法。强调要为学生提供适合学生能力水平的、丰富的阅读资源。强调学生能按照意群朗读和阅读的习惯。强调朗读时做到发音准确、语调自然。
	写	1. 能正确地使用大小写字母和常用的标点符号。 2. 能写出简单的问候语和祝福语。 3. 能根据图片、词语或例句提示，写出简短的语句。	强调小学写作的基础性，不随意提高要求。 通过不同的形式培养学生写作的兴趣和能力。

1-2　小学英语读写能力的学业标准描述

结合不同地区、学校和学生的具体教学情况，各区域或学校可以制定适合自身学生英语学习能力发展的学业标准。学业标准的描述可以具体到小学阶段不同年级学生的英语学业水平的发展，将学段目标细化为年级目标，突出具体年级的要求。对于小学英语读写能力要求来说，在《课标》的指导下，可以针对学生的具体特点，细化各个年级具体的读与写的学业目标，这一方面有利于教师全面、深入地把握学生读写能力发展要求的基本脉络，能更有效地设计相应的课堂教学活动，读写学业标准的明确可以帮助修正各个年级对学生读写能力发展的具体要求，使其更加清晰，更符合学生的认知发展水平。另一方面，也有利于教师对自我教学效果和学生学习效果的评估，把握学生学习应该达成的基本目标和要求。

例如，下面是根据某一学校具体的英语教学水平和学生的学习层次制定的一个具体化的学生学业标准描述，这些描述可以比较明确地指导一线教师的日常课堂教学设计和对学生读写能力的具体要求，也有利于教师在此基础上开展课堂教学研究。

年级	技能	学业标准描述
三年级	读	能在生活场景中识别并认读 26 个大写字母；能整体认读配图单词；能模仿录音朗读所学单词、句子、对话和故事；能借助图画理解故事大意。
	写	能跟着教师书写大小写字母，感受英语的书写。
四年级	读	能认读所学单词和短语；能较为流畅地认读所学对话、语段和故事；能读懂与所学话题相关的对话、文段和配图小故事；能读懂简单的信件、贺卡等。
	写	能在书写中注意句子的字母、人名、人称等大写，能注意到英文表达符号的不同；能选择恰当的词汇补全句子；能根据问句，结合自己的实际情况，写出完整的答句。
五年级	读	能较为准确、流畅地朗读所学对话、语段和故事；能借助标题或图片预测对话、语段、小故事的内容；能读懂与所学话题相关的对话、文段和配图小故事，理解大意和主要细节；能读懂安全警示牌、海报、信件、通知等信息型文本表达的简单信息。
	写	能选择恰当的词汇或短语补全句子或小文段；能根据要求，结合自己的实际情况，写出完整的句子；能仿照范例，结合图片内容，写出简单的描写性语句。
六年级	读	能准确、流畅地朗读所学话题范围内的对话、语段和故事，语音准确，语调自然；能读懂并执行教学活动中的指令和要求；能读懂题材或体裁多样的短文或配图故事，并能借助一定的阅读策略；能读懂不同体裁的英语文本材料，如购物单、图表、贺卡等，理解主要内容和细节信息，并根据需求解决实际问题。
	写	能模仿范文的结构和内容仿写几句意义连贯的话，并尝试使用一些描述性的词语添加细节，使内容丰富、生动。能自选主题，并围绕主题独立写出几句意义连贯、表意清楚的话；能按照格式写出简单的信件、留言条、明信片、贺卡等。

以上是根据《课标》分级描述设计的较为具体的各个年级的学业标准要求，当然，教师在制定自己校本学生学业要求时，一定要紧密结合教材内容、学生学习状况和学校本身的定位，从较为科学的、可操作性的层面来设计。

1-3　小学英语课堂学习与课例研究中的读写课教学研究

对于小学英语课堂学习与课例研究来说，读写课教学研究一直是一个重点，特别是在小学学段高年级，一方面是因为它扮演着一个衔接过渡的角色，直接指向初中英语学习，为初中英语学习的读写能力培养奠定一定的基础；另一方面也说明在英语学习初级阶段之后，阅读在学习过程中扮演着一个重要的角色，它是信息输入的主要方式，是不断提高学生思辨能力和学科素养的重要手段，也是促进学生写作能力提高的基础。因此，在教学研究中，阅读和写作设计通常都结合在一起，以读促写，以写带读。

一般认为，阅读的过程是一个通过判断加以猜测的过程，是对已有知识不断更新的过程。和听力一样，虽然阅读也属于语言的输入形式，但在阅读过程中，学生并非语言内容信息被动的接受者，相反，而是对阅读内容进行不断的主动加工和意义的重构，因而才会出现不同人对阅读内容的理解经常会不太一样。

有学者认为，阅读的本质是一种“心理语言猜测游戏（Psycholinguistic Guess Game）”[①]，是一种不断推断和猜测，并不断验证这些推断和猜测的认知活动。有效的阅读通常不是完全弄清楚阅读中的语言知识（词汇、句型），而是通过掌握的语言信息（语言所表达的意义）作出准确判断。阅读是一个读者不断吸收信息和思考判断的过程，在整个阅读过程中，读者已有的知识

---

① Goodman, K. (1967). *Reading: A Psycholinguistic Guess Game*. Journal of the Reading Specialist, May, 126—135.

(语言知识、生活知识)起着最为关键的作用,通常对一篇文章理解的深浅在很大程度上受读者已有知识的制约。例如,读者对一篇文章的话题较为熟悉(已具备与话题相关的已有知识),即使不是熟悉所有的语言知识,也能理解阅读中的信息;相反,话题陌生,即使读者知道文章中的所有语言知识,也不一定能理解其所蕴含的信息。

当然,在小学学段,对阅读能力发展的要求远没有上面描述得那么复杂,对英语阅读量的要求也不十分明确,但要完成从小学到中学阶段去语言学习过渡,没有小学阶段初步的阅读基本训练和仅依靠中学阶段去弥补是难以实现的,因此,设置合理有效的小学英语阅读课堂教学是很有必要的。

在小学阶段,特别是高年级阶段,对学生进行一定的英语阅读能力培养主要有三个目的:一是巩固学生已学的语言知识,增加他们已学语言知识重现的频率。因为语言知识的习得,特别是发音、词汇和句型,是一个不断接触和应用的积累过程,而阅读可以提供学生大量的语言输入素材,让他们已学的语言知识可以得到不断重现;二是扩大学生新语言知识和文化知识的输入。我们知道,一般教材所涉及的新语言知识和文化知识相对来说还是有限的,大量语言知识的拓展学习和文化知识的输入主要来自于阅读,而阅读教学和训练可以帮助学生培养阅读习惯,培养他们独立阅读的能力;三是帮助学生获得一定的阅读技巧和能力。在小学阶段,学会简单地查找信息、根据提示猜测词义、能抓住简单的逻辑关系等是阅读能力培养的重点。因此,小学英语阅读教学与训练可以从语言知识和语言理解两个角度来开展,从语言知识来说,阅读可以帮助强化学生对词汇、句型的学习,从语言理解来说,阅读可以帮助学生激活一些基本的背景知识和文化知识,培养学生在阅读过程中关注内容信息的习惯。

在英语教学与学习中,一般有笔头表达,如作文、写课文概要、写信、写日记等。写的过程一方面是考查学生写的技能和技巧,另一方面侧重于他们思想和情感的表达。写与听、说、读一样,实际上也是一种语言的交际行为,在文字的表达中，达到信息、思想和情感传递的交际过程。

在小学英语教学中，写作的训练主要指能用所学的词汇、语法和句型进行简单造句、回答问题、改写课文、看图写话；在小学高年级，学生学会初步仿照已学题材写小短文，并能做到语言通顺、层次清楚、内容完整等。小学阶段作文能力训练主要有两个目标：一是知识巩固性的笔头训练，如单词拼写、句子听写、句型转换和造句等；二是初步的思想性表达，如写邀请卡、描述图片或者表达自己对某一事件的态度等。但总体来说，小学学段的英语写作训练多以短语、句子写作为重点，适当突出写作的交际性。

综上所述，由于阅读和写作是语言输入和输出的两种主要形式，从学生能力培养角度来说，读写结合是一种非常有效的课堂教学设计方法，目前很多一线教师都在不断尝试采用不同的教学策略来丰富和突出读写结合的教学思路，这也完全可以作为课堂学习与课例研究非常重要的研究方向。

2　小学英语听说课教学关键问题及教学方法指导

基于小学英语阅读能力要求的分析，根据小学生的年龄特点和认知特点，阅读教学和训练尽量避免纯文字的阅读，因为纯文字的阅读一方面会增加对小学生词汇量的要求，对于低年级学生来说，词汇知识的积累还很少，一旦纯文字的阅读涉及较多新词，会大大增加学生阅读理解的难度，很难达到阅读训练的效果；其次，纯文字的阅读直观性较弱，需要具有比较高级的思维能力，对小学生而言，也增加了理解的难度。因此，针对小学生英语阅读教学和训练，多配以图片或视频，降低学生理解的难度，以激励和阅读习惯养成为重点，培养学生阅读的兴趣。

受以应试为导向的教学和学习方法影响，目前小学英语读写教学存在诸多问题：首先，对小学阶段读写能力发展的理解不足。在低年级阶段，读写训练主要围绕着识词、写词、模仿写句子；在高年级阶段，读写能力涉及简单语句的理解与表达。所以，在实践教学中，应针对学生读写能力的要求设计适合的活动任务。但多数教师在教学中认为读写不外乎就是阅读理解和写作文,导致学生在初级阶段阅读和写作难度加大,学生学习兴趣不足。其次,读写训练手段单一。在低年级阶段,读写被看成简单的认字母与单词、背诵、抄写、默写、听写句子和课文等机械的读写训练;高年级阶段,认为读写就是标准化的阅读理解试题和作文题,缺乏多样化的读写训练设计,造成学生对读写产生枯燥乏味感。而有效地读写训练设计应该充分考虑小学生的特点,创新读写训练方法,激发他们对读写的求知欲,多采用听写结合、说写结合、读写结合等方式,在潜移默化中提高他们的阅读能力和写作能力。最后,学生在读写过程中缺乏必要的辅助,教师通常布置读写的任务,很少做读写前的指导,又由于小学生认知能力偏弱,导致读写过程中比较随意,随意读、随意写,杂乱无序,没有条理。这些最终都影响着小学生英语初步读写能力的提高。下面介绍一些常见的读写结合教学活动的设计,供教师在开展课堂学习与课例研究中参考和借鉴。

2-1　基于"图片式"的小学英语读写课课堂学习与课例研究

这种方法与其他语言能力训练相似,以图片呈现的方式,增加阅读的直观性、可理解性和趣味性,也比较符合小学生阶段对视觉观察的敏感性;图片呈现还能比较有效地抓住学生的注意力,培养他们的学习习惯。图片式阅读在低年级通常和语音、词汇、语法等语言知识学习紧密结合在一起,例如看图识字也是一种初级的阅读能力训练;对于小学高年级学生,图片式阅读可以结合较长的故事性阅读,图片信息可以增加故事的可理解性,同时也能激发学生阅读的兴趣。

当然,图片或视频的内容和话题的选择必须要符合学生的生活体验,能充分激活学生已有的语言知识和文化知识。例如,在介绍西方新的文化知识时,可以结合汉语文化知识,通过比较,强化学生对中西文化的理解。基本的原则是：图片或视频是学生理解的手段，可以帮助学生最大限度地理解其中的内容信息，而不要成为单纯的语言知识的讲解。教师可以设计小组合作式的读写形式，让学生之间相互交流、集思广益、取长补短、共同完成任务，有利于提高学生之间的协作能力。

【活动设计实例】 看图写句

What's the Weather Like?

1. What's the weather like in July?
   It's ____________________

2. What's the weather like in October?
   It's ____________________

3. What's the weather like in March?
   It's ____________________

4. What's the weather like in December?
   It's ____________________

【评析】 这个活动是以读图写句子的形式来锻炼学生阅读理解与写的能力。图片表示的是一年不同月份常见的天气情况，学生在理解图片表达的信息之后，必须选择恰当的英语词汇来描述。在这个写的活动中，学生已有的关于天气的词汇被激活，再将这些词汇运用到造句中。这一方面可以巩固学生已学的词汇知识，另一方面也利于训练学生常见的关于天气的表达方式。问题指示语的不同设计，也可以帮助学生了解生活中描述相同事件的不同表达形式。

2-2 基于“配图故事”的小学英语读写课课堂学习与课例研究

在小学高年级，对读写能力有了较为初步的要求，随着学生语言知识和文化知识有一定的积累，读写的内容长度也有所增加，要求能抓住阅读内容中关键的信息。为了增加读写的趣味性，激发学生读写的兴趣和养成初步的读写习惯，小故事是常采用的读写活动素材，并配以与故事相关的图片，增加阅读的可理解性；同时通过写作问题的设计，借助关键词的提示，初步训练学生具有搜索关键信息的能力和一定的推理和归纳能力。

【活动设计实例 1】 故事读写

Ella Cinders had a chance to go to a fancy ball at the royal palace. She wore a lovely long, blue, velvet gown with a jewel necklace and a ruby red bracelet. Dressed up so splendidly, she looked like a real princess. The charming prince asked her twice to dance, but she would not. She decided she would rather relax, drink apple cider, and eat ice-cream sandwiches on the cool, breezy terrace. It was too hot to dance, her face felt warm, her glass slippers were too tight, and she hated the slow music. Why didn't they play rock and roll?

Answer the following questions. You may look back at the story.

1. Where did Ella Cinders go? ______________________________

____

2. What was her gown made of? ______________________________
3. How many times did the prince ask her to dance? ______________
4. What did she eat and drink? ______________________________

____

5. Why did she feet hurt? ______________________________

____

6. What kind of music did Ella like? ______________________________

【评析】 这个活动设计是一个小故事配图片的读写材料，模仿了经典故事“Cinderella”设计的。写作问题的设计也是完全基于故事内容，没有对学生提出太高的认知能力要求。教师在教学中可以设计多种读写小任务活动，如预测故事内容、提取反映故事情节的单词让学生排序，或快速搜索某一词汇、短语等。以故事培养学生初步的读写能力要始终以故事内容为主，避免设计成枯燥的精读型的读写任务。

【活动设计实例 2】 故事读写

Directions: Read the story below. Write the main idea. Write two details from the story.

Pepe saw his cat stuck in the tree in his yard. The cat was scared. Pepe and Lena asked their father to get the cat down. Their father used a ladder to climb the tree. He carried the cat safely down to the ground.

1. The main idea of the story is:
____

2. The details are:
____

【评析】 这个读写活动设计也用来检测学生阅读能力和写作能力，但是其认知层次较高，要求学生不仅要具有抽取关键信息的能力，也要具有归纳和概括的能力，适合在拓展环节锻炼学生的思辨能力。这种设计策略能较有效地检测学生综合语言运用能力，也是《课标》评价案例中倡导的方法之一。

3　课例研究

读写结合的小学英语教学设计要以教材内容话题为基础，针对性要强，学生通过写的任务加深对课文阅读内容的理解，可以拓展学生思维空间，提高语言运用能力。因此，读写结合的教学设计是一种有效地促进学生课堂学习发生、提高课堂教学层次的方法。在课例研究中，教师可以多尝试这种教学设计方法，探索读写结合教学的有效途径和策略。下面基于一节读写课例来分析设计环节的优缺点，给做课例研究的教师提供一些参考和指导。

课例展示

六年级 How tall are you? 课例与评析

课例基本信息			
课题	Unit 1　How tall are you?	年级	六
教材	PEP 小学英语六年级下册		

（一）教材分析

本节课内容是关于小鸭子影子变化的小故事，内容活泼有趣，富有哲理，在帮助学生学习基础语言知识的同时，也有利于教师在教学活动中挖掘学生的想象力和思辨力；本课的语言知识主要是学习形容词比较级的初步用法。

（二）学情分析

本课关于事物影子变化的话题在学生日常的生活中处处可见，学生对此有一定的认知度，因此，给学生简单介绍影子变化的科学原理并不困难；在介绍简单的影子变化的常识性信息过程中可以帮助学生学会如何利用英语形容词的比较级进行简单的描述，但是如何利用本节课富有哲理的小故事去提高学生的想象力是教学活动设计的难点。

（三）教学目标

1. 知识目标：

(1)通过课文学习，学生能够掌握词汇及其在不同语境下的应用：shadow，become，lower，smarter，etc.

(2)通过课文的学习，学生能够了解形容词比较级的基本用法及其如何用比较级描述；

(3)学生能够对表示变化的句型有一定的感知及应用：It is getting…，It is becoming…，It is growing…

2. 能力目标：

(1)学生能够抓住阅读文章中关于影子变化的基本内容信息，能够理解内容前后之间的逻辑关联；

(2)学生能够抓住阅读内容最后对话中的含义；

(3)学生能够根据文章话题，写出自己的感受。

3. 情感态度目标：

(1)学生能够理解故事中老树话中的哲理；

(2)学生通过故事学习,能够体会人成长过程中的变化,憧憬美好的未来。

【评析】 在教材分析、学情分析和目标描述上,本课例的设计基本上抓住了阅读文章的内容特点,便于教师在教学过程设计中有针对性地采用相应的教学活动形式,这些分析是设计教学过程的关键环节,有利于教师抓住教学内容的重心,特别是一节阅读课教学的核心是什么。从这篇阅读故事来说,除常规的基本语言知识和阅读能力训练之外,教师能否抓住阅读故事中的含义,拓展学生的思辨能力和想象力是考验教师教材内容分析能力的关键;准确的教材内容分析才能帮助教师在教学过程设计中有效地设计相应的活动形式,进而达到拓展学生语言能力和思维能力的目的。从这个意义上说,本课对教学目标的描述基本上抓住了重点。

(四)教学过程

1. Warm-up:

Under the teacher's guidance, students are talking about Spring and today's weather by using different pictures.

- What are you most likely to do in a sunny day?
- What can you see in a sunny day?

2. Pre-reading:

(1) Using different pictures about "shadow". Ask students when you can observe shadows and how they are changing.

(2) In the scientific view, why do shadows change? (Teacher uses pictures to explain the changing patterns of shadows.)

3. While-reading:

(1) Teacher leads students to read the story for the first time and asks students several comprehension questions.

- What is Little Duck's question?
- How is the shadow of Little Duck changing?
- Does Little Duck get the answer?

(2)Teacher leads students to watch the video of the story. Discuss in pairs.

- Why does Little Duck come to the Old Tree for the answer?
- Do you agree with what the Old Tree said? Why?

4. Post-reading：

Teacher helps students to focus on the words said by the Old Tree and organizes group discussion.

• Why does the Old Tree say in this way?

• What can you learn from what the Old Tree said?

5. Extension in writing：

• Write down what you think of the Old Tree's words.

• Can you recall what your parents often say to you about your growth(成长)? Write them down and share them with your classmates.

【评析】 本节课的重点是在完成教学内容中的语言知识和语言技能训练之外，要能很好地设计阅读和写作活动的衔接问题，这样才能体现读写结合的目的。总体来说，课例设计的前半部分主要是以阅读带动学生抓住故事内容，以内容带动学生思考，在思考中有意识地设计写作活动，让学生在表达中强化语言知识的运用，特别是形容词比较级的用法。从设计的思路来看，教师并没有单纯地讲解语言知识或训练阅读策略，而是把学生的思维能力和想象能力发展作为设计的中心，这也比较符合这篇故事所要传达的真正含义，这要求教师在课例设计之前要好好分析教材，把握教材内容核心，设计的教学过程才能更好地反映教学内容。

6. Homework：

• Observe the changing of shadows out of class and write down how they are changing;

• Share it with your classmates.

课例透析

在小学英语教学中，读写结合的教学设计一般只是出现在高年级阶段，一方面，学生有了一定的语言知识的积累，便于他们能够阅读一定长度的短文或故事（知识基础）；另一方面，随着学生生活体验的进一步丰富，认知能力有了一定的发展，有利于教师开展一些能够提高学生思辨能力和想象能力的教学活动（认知基础）。读写结合考验教师在设计过程中把握阅读活动和写作活动的一致性和连贯性，不至于导致阅读活动只是立足于课文，比较简单；

而写作活动缺乏与阅读的衔接，造成学生无话可写或写得肤浅，或写的难度太大。因此，这就要求教师在教学过程中很好地发挥“脚手架”的作用，能很好地促进和培养学生的阅读兴趣和写作兴趣。在现在的中小学英语教学中，读写结合是一种常用的比较有效地促进学生语言能力发展的教学方式。

在英语课堂学习和课例研究中，读写结合是教师开展集体备课和研课，开展教学研究比较好的视角。但是教师在教学设计中，不能一味单纯模仿，应该结合自己学校、课堂、教师和学生的具体情况，进行有针对性的研究设计，特别是在研究过程中，要多立足课例在具体课堂教学实施过程中的微环节，关注教学成效、学生反馈和目标评估，只有通过紧密结合自身教学情境的读写结合教学研究，才能达到读写教学最大的效果。从这个意义上说，最有效的读写结合教学是来自于教师自身积极主动参与式的行动研究。

参考文献

[1] Dudley，P. (2011). *The Lesson Study Toolkit*. Bethlehem：Bethlehem University.

[2] Dudley，P. (2015). *Lesson Study：Professional Learning for Our Time*. London & New York：Routledge.

[3] Farrell，T. S. C. (2015). *Promoting Teacher Reflection in Second Language Education*. New York：Routledge.

[4] Lewis，C. (2002). *Lesson Study：A Handbook of Teacher-led Instructional Improvement*. Philadelphia：Research for Better Schools，Inc.

[5] Lewis，C. & I. Tshuchida. (1998). *A Lesson is like a Swiftly Flowing River：How Research Lessons Improve Japanese Education*. American Educator，14-17，50-52.

[6] Lo，M. L.，W. Y. Pong & P. Chik. (2005). *For Each and Everyone：Catering for Individual Differences Through Learning Study*. HK：Hong Kong University Press.

[7] Marton & B. M. Tsui. (2004). *Classroom Discourse and the Space of Learning*. Mahwah，New Jersey：Lawrence Erlbaum Associates，Publishers.

［8］Schön, D. A. (1983). *The Reflective Practitioner: How Professionals Think in Action*. New York: Basic Books.

［9］李树英，高宝玉. 课堂学习研究的国际展望. 全球教育展望，2007，(1).

［10］卢敏玲.“课堂学习研究”对香港教育的影响. 开放教育研究，2005，(3).

［11］卢敏玲，唐田. 课堂学习研究：教师专业发展的平台. 江苏教育研究，2009，(5).

［12］马承，刘法水. 英语入门教程——字母、音素、音标三位一体教学法，北京：科学普及出版社，1997.

［13］王蔷. 基于学生学科核心素养发展的外语教师专业化途径探索，第六届全国外语教师教育与发展学术研讨会主旨发言，2015.

［14］王荣生，高晶.“课例研究”：本土经验及多种心态(上). 教育发展研究，2012，(8).

［15］中华人民共和国教育部. 义务教育英语课程标准. 北京：北京师范大学出版社，2011.